Knaus

K

Gabriel Laub

Urmenschenskinder

Respektlose Geschichten
mit Zeichnungen von
Marian Kamensky

Albrecht Knaus

Schutzumschlag: Martin Andersch unter Verwendung
einer Zeichnung von Marian Kamensky
Satz: Typoservice Urban GmbH, München
Druck und Bindung: Mohn-Druck Graphische
Betriebe GmbH, Gütersloh
ISBN 3-8135-0579-0
Printed in Germany

Inhaltsverzeichnis

Der größte Prozeß

Die Medien haben diesmal nicht übertrieben – es war tatsächlich der größte Prozeß der Weltgeschichte – mit siebzehn Richtern, dreihundertdreiunddreißig Geschworenen, siebenundvierzig öffentlichen Anklägern und ebensovielen Verteidigern. Während der Übertragungen aus dem Gerichtssaal gab es wohl kein einziges Fernsehgerät in der ganzen Welt, das nicht eingeschaltet gewesen wäre. Dieser Fall betraf schließlich unmittelbar jeden Bewohner unseres Planeten.
Der einzige, der den Glanz der Verhandlung störte, war der Held des Prozesses, ein Bauer mit faltigem Gesicht, in einem offensichtlich geborgten schwarzen Anzug. Der Angeklagte wußte nicht, wohin mit den Händen, er wagte nicht einmal, seine Krawatte, die ihn drückte, zurechtzurücken.
Sein Alter ließ sich weder aus seinem Aussehen, noch aus seinen Papieren ermitteln, denn er hatte nie welche gehabt. Wegen der Bestimmung seines Alters, seiner Nationalität und seiner Staatsangehörigkeit wurden mehrere Jahre lang Diskussionen geführt, ohne Ergebnis.
Ja, seine Existenz selbst ließ sich nicht nachweisen. Seine leibliche Anwesenheit war zwar augenscheinlich, aber selbstverständlich rechtlich von keinerlei Belang. Im Interesse der prinzipiellen Bedeutung des zu klärenden Problems beschloß das Gericht, auf die üblichen Fragen zur Person zu verzichten. Zwar mußte deshalb die ganze Prozeßordnung geändert werden, da aber der

Internationale Gerichtshof nach jahrelangen Überlegungen beschlossen hatte, sich mit der Revision dieses Falles, der fast sechstausend Jahre alt war, zu befassen, wollte er sich die Sache nicht durch hartnäckiges Festhalten an Vorschriften verderben lassen.
Die gelehrten Herren Juristen sahen den Mann, über dessen Schuld oder Unschuld sie verhandeln sollten, lieber nicht an, damit sie sich nicht zu schämen brauchten. In ihrer Praxis hatten sie zwar oft so tun müssen, als hätten sie sich um des Mannes willen versammelt, der auf der Anklagebank saß, aber diesmal fiel ihnen das besonders schwer. Es war beinahe grotesk; der angeklagte Einfaltspinsel entsprach keineswegs der Bedeutung ihrer Causa.
«Sind Sie Kain, Sohn des Adam?»
«Ja . . .»
«Gestehen Sie, daß Sie Ihren Bruder Abel mit einem stumpfen Gegenstand, vermutlich mit einem Dreschflegel, erschlagen haben?»
«Ja!»
Der Angeklagte sah den Richter etwas begriffsstutzig an, denn diese Dinge waren doch allen seit Jahrtausenden bekannt.
«Warum haben Sie es getan?»
«Er war ein Lump, Herr Vorsitzender. Seine Schafe trampelten ständig in meiner Gerste rum, obwohl es ringsum Weiden in Hülle und Fülle gab. Wenn ich einmal auf ein Stückchen Fleisch Appetit hatte, verlangte er für ein zähes altes Schaf fünf Sack von meinem besten Weizen. Wissen Sie, wieviel Steine ich wegschleppen mußte, ehe ich den Acker für die Weizensaat sauber

gemacht hatte? Und dann hat Abel mich auch noch verspottet, hat gesagt, ohne Fett gebackene Fladen seien nur was für Ochsen und für mich. Ich war schon ein paar Mal nahe daran, ihm eine aufs Dach zu geben. Und dann passierte noch die Sache mit dem Opfer. Abel machte sich andauernd lustig über mich. Der Herr wolle mein Opfer nicht, sagte er, weil es nach Schweiß stinke ...»

Einer der Staatsanwälte sprang auf:

«Sie gestehen also, daß Sie Ihren Bruder haßten, daß Sie ihn um seinen Reichtum beneideten und den Mord schon früher planten?»

Noch bevor der Angeklagte etwas erwidern konnte, bat einer der Verteidiger, Professor Watters, ums Wort:

«Hoher Gerichtshof, die Anklage versucht, uns hier mit der Theorie zu überfahren, daß es sich um einen wohlerwogenen Mord handle ...»

«Um vorsätzlichen Brudermord», fiel ihm der Ankläger, der soeben gesprochen hatte, ins Wort.

«Die Verteidigung kann beweisen, daß es sich weder um einen Brudermord handelt noch um einen Mord überhaupt. Da Kain und Abel die ersten Brüder in der Geschichte des Menschengeschlechts waren, konnte ihnen der Begriff ‹Familienbande› kaum bekannt sein. Die Familienbande entstanden erst später, als die Familie sich gegen andere Familien behaupten mußte und so zu einer Schutzgemeinschaft wurde. Weiter: Dem einhelligen Gutachten aller christlichen und jüdischen Theologen nach war Abel der erste Mensch, der gestorben ist. Kain konnte also gar keinen Mord begehen, das heißt, einen Menschen mit Absicht ums Leben bringen,

denn er wußte ja gar nicht, daß es möglich ist, einem Menschen das Leben zu nehmen und daß solch ein Ereignis als Folge seines Handelns unweigerlich eintreten müsse.

Kain verletzte kein gültiges Gesetz, denn die erste Rechtsnorm, die Blutvergießen verurteilte – ich zitiere: ‹Wer Menschenblut vergießt, des Blut soll durch Menschen vergossen werden . . .› –, wurde erst zu Noahs Zeiten, also etwa ein Jahrtausend später, erlassen, siehe Erstes Buch Mose, Kapitel neun, Vers sechs. Und das ausgesprochene Verbot ‹Du sollst nicht töten› wurde sogar erst zu Moses Zeiten – siehe Mose zwei, Kapitel zwanzig, Vers dreizehn – verkündet, also noch viel später . . .»

Einer der Ankläger, Monsignore Dottore Terracini, hielt nun den Augenblick für gekommen, das Gericht für unzuständig zu erklären. Kain, sagte er, sei schon einmal verurteilt worden, und zwar vom Ewigen, dem Ober-

sten Richter, dessen Urteil von keiner niedrigeren Instanz, also keinem menschlichen Gericht, revidiert werden könne.
Das Gericht wußte, daß der Monsignore diesen Einwand erheben würde, und der geistliche Herr wußte, daß das Gericht ihn ablehnen würde, unter Berufung auf den Vers sechs des Kapitels neun des Ersten Buchs Mose, was auch geschah. Aus der erwähnten biblischen Bestimmung, sagte der Vorsitzende, sei die Absicht des Obersten Gesetzgebers ersichtlich, alle Fälle von Gewaltanwendung der menschlichen Kompetenz zu überantworten; somit handle es sich hier nicht um eine Revision des Urteils, sondern um eine Wiederaufnahme in der ersten Instanz.
Monsignore Terracini wollte der heiligen Kirche indes nur ein Alibi verschaffen. Denn ehe es zu dieser Gerichtsverhandlung gekommen war, hatte man sich an die zwanzig Jahre darüber gestritten, ob der Prozeß überhaupt stattfinden sollte, und die Anhänger der verschiedensten Ideologien hatten sich nicht einigen können, ob sie daran teilnehmen sollten.
Besonders erbittert waren die Diskussionen innerhalb der Kirche und unter den marxistischen Theoretikern gewesen. In beiden Lagern nahm man anfangs überwiegend einen ablehnenden Standpunkt ein. Die religiösen Dogmatiker beharrten darauf, daß ein Spruch Gottes unabänderlich sei; die marxistischen gingen dagegen von dem Dogma aus, daß Gott nicht existiere und somit auch nicht der Prozeßgegenstand, nämlich Kains Mord.
Die freisinnigen Theologen hingegen verlangten den

Prozeß, um der Theorie des «Kainzeichens» und der Erbsünde ein Ende zu setzen, weil ihrer Meinung nach Determinismus mit der moralischen Sendung der modernen Kirche unvereinbar sei. Die freisinnigen Marxisten wiederum erklärten, das Problem des Determinismus und die Rolle der Gewalt in der Entwicklung der Gesellschaft müßten geklärt werden, egal, ob Kain wirklich existiert habe oder nicht.
In der Diskussion dominierten auf beiden Seiten die Modernisten, die Entscheidungsgewalt lag jedoch bei den Konservativen. Daß im Endeffekt Theologen und Kommunisten an dem Verfahren teilnahmen, war nicht einem Sieg der feurigen Argumentation junger Professoren in beiden Lagern zuzuschreiben. Die führenden Leute kamen einfach zu der Ansicht, der Prozeß werde ein hervorragendes Forum dafür bieten, über die Schuld an der in der heutigen Welt herrschenden Gewalt zu diskutieren. Und dieses Forum dürfe man nicht den Gegnern überlassen.
Es wurde freilich nicht öffentlich bekanntgegeben, daß die offizielle Meinung geändert worden war. Aber ein Kurienkardinal hatte vor der Versammlung afrikanischer Bischöfe den unauffälligen Satz geäußert: «Gottes Wahrheit fürchtet nicht das Urteil der Menschen.» Und ein Mitglied des Politbüros der KPdSU wetterte auf einer Konferenz der politischen Armeekommissare gegen die Imperialisten und Zionisten, welche die Kommunisten als Parteigänger der Gewalt verurteilten, obwohl die Gewalt ihr eigenes Mittel war. «Unsere revolutionäre Gewalt, Genossen, ist eine humane Gewalt, sie ist auf die Beseitigung jeglicher Gewalt

gerichtet», sagte er. Alle hatten diese Anspielungen verstanden, und die Juristen auf beiden Seiten begannen, sich auf den Prozeß vorzubereiten.

Der Protest des Monsignore Terracini sollte der Kirche nur ein Hintertürchen öffnen – für den Fall, daß der Prozeß nicht nach ihrem Geschmack ausginge. Nachdem das Gericht den Protest Terracinis abgelehnt hatte, kam es während der folgenden zwölfhundertachtzig Verhandlungstage nicht mehr dazu, das Verhör Kains fortzusetzen. Die gelehrte Argumentation der Staatsanwälte, der Verteidiger und der Sachverständigen füllte Dutzende dicker Bände des Gerichtsprotokolls.

Schon nach kurzer Zeit ließ sich kaum mehr herausfinden, wer Kain verteidigte und wer ihn anklagte. Die Unterschiedlichkeit der Kriterien bewirkte, daß das, was der eine als Verteidigung ansah, vom anderen als Anklage betrachtet wurde. Ein Staatsanwalt widerlegte den anderen, ein Theologe den anderen Theologen, ein Revolutionär den anderen.

Als zum Beispiel einer der Advokaten behauptete, der arme Ackermann Kain habe ganz im Sinne der Ideen des großen Mao die ungerechte Verteilung des Besitzes der Klassen ausgeglichen, indem er den reichen Schäfer Abel erschlug, erwiderte ihm ein liberaler Verteidiger, man könne einem bloßen Familienzwist nicht die niedrigen Motive des Klassenhasses und das Bestreben unterstellen, die von Gott eingeführte Gesellschaftsordnung zu stürzen. Dagegen fuhr einer der kommunistischen Ankläger Kain an, er habe sich als erster der trotzkistisch-anarchistischen Methode des individuellen Terrors bedient. Einer der christlichen Verteidiger wies darauf hin, Gott habe Kain gemäß Vers fünfzehn, Kapitel vier des Ersten Buchs Mose mildernde Umstände zugebilligt, indem er den Menschen verboten habe, Kain zu töten, und zwar nach dem Grundsatz, daß, wer unwissend sei, nicht sündigen könne. Darauf erwiderte einer der kirchlichen Ankläger: Indem Gott verboten habe, Kain das Leben zu nehmen, habe er eigentlich dessen Strafe verschärft, denn der Herr habe ihn dadurch zur Verbannung und Schwerstarbeit auf unbestimmt lange Lebenszeit verurteilt – siehe das erwähnte Kapitel, Vers elf und zwölf. Dies führte nun zu einer mehrere Tage währenden Debatte darüber, ob das Leben auf Erden in seiner heutigen Gestalt dem Menschen als Lohn dafür gegeben sei, daß er das Ebenbild Gottes ist, oder als Strafe für die Sünden Adams und Evas.

Als das Gericht nicht mehr weiter wußte, erinnerte es sich von neuem an Kain. Doch das Verhör des Angeklagten brachte es auch nicht weiter. Auf die Frage des Vorsitzenden: «Sind Sie sich dessen bewußt, daß Sie durch Ihre Tat der ganzen Menschheit ein schlechtes Beispiel gegeben haben?» erwiderte Kain verlegen: «Ich weiß von nichts, sehr gelehrte Herren. Ich habe dem aufgeblasenen Hammel eins übergezogen, weil er zu mir gesagt hat, du stinkst. Wenn einer sich von früh bis spät mit dem Pflug abrackert, Steine schleppt, Wassergräben aushebt, dann kann er natürlich nicht duften ... Der Abel, ja der konnte fein riechen, der hat schon zum Frühstück einen Laib Schafskäse verdrückt, dazu einen Krug Milch. Er hat sich den Bauch mit weißen Fladen aus meinem Weizen vollgestopft und jeden Mittag ein

Lamm mit Rosmarin gebraten. Dann lag er im Gras und blies auf der Schalmei ... Er hat mich einen Stinker geschimpft, da haute ich ihm eins auf die Rübe ...»

Schließlich half einer der Verteidiger dem Gericht aus der Klemme. Er erinnerte das Gericht daran, daß es für die Tat keine Zeugen gab. Allein das Geständnis des Angeklagten könne nicht als hinreichender Beweis gelten.

Und das stimmte. Daß Gott, der einzige Tatzeuge, nicht vors Gericht geladen werden durfte, darüber waren sich alle einig. Die Atheisten konnten solch einen augenscheinlichen Beweis der Existenz des Allmächtigen nicht zulassen, obwohl sie Gott gern als Mitschuldigen angeklagt hätten, weil er Kains Tat ja hätte verhindern können, es aber nicht getan hatte. Und auf eben einen solchen Disput mochten sich die Gläubigen nicht einlassen. Deshalb beharrten sie auf dem Standpunkt, daß die Anwesenheit Gottes, der als allerhöchster Richter oberster Vorgesetzter des Gerichtshofs und zugleich oberster Gesetzgeber ist – jeder Ausspruch von ihm ist eine gültige Rechtsnorm –, die Arbeit des Gerichts unzulässig beeinflussen, ja eigentlich unmöglich machen würde.

Das schriftliche Zeugnis Moses, des Autors der einschlägigen Bücher der Bibel, konnte nicht zugelassen werden; denn Moses sagte aus, was er selbst nicht gesehen, sondern nur von Dritten erfahren hatte.

So blieb dem Gericht nichts übrig, als Kain wegen Mangels an Beweisen freizusprechen. Dadurch entledigte er sich auch der Pflicht, die übrigen strittigen Probleme zu klären.

Die Frage also, ob die Menschen einander deshalb morden und morden werden, weil sie als Nachkommen Kains durch Gott dazu verurteilt sind, oder ob sie einander umbringen und umbringen werden, ohne dazu verurteilt zu sein, bleibt weiter offen.

Bilder aus der Urzeit

1. Die allererste Liebe

Er hieß Fuß-nicht-Fuß, was soviel wie «der Hinkende» bedeutete und deutlich seinen niederen Rang in der Horde zeigte, in der die ersten Plätze Männern gehörten, die stark wie Bison-Tod oder schnell wie Jäger-Wind waren. Bei der Jagd stellte man Fuß-nicht-Fuß auf irgendeinen festen Platz, wo er einem verwundeten Tier den Fluchtweg versperren konnte. Tiere kamen jedoch nie zu ihm, sie wurden von den schnellfüßigen Jägern früher abgefangen. Beim Essen mußte er geduldig warten, bis er irgendeinen Knochen zum Abnagen bekam, später als alle Männer und die alten Matronen; sogar manche jungen Weiber wie Kind-Viel und Busen-Berg bekamen ihre Portion früher als er.

Sie stand in der Hierarchie der Weiber ganz unten, weil ihre Brüste klein waren und ihr Hinterteil eher dem eines Jünglings ähnelte. Obwohl ihr ihre Mutter einst den schönen Namen Hirschkuh gegeben hatte, nannte man sie spöttisch Weib-Mann-Mann, was nicht bedeuten sollte, daß sie viele Männer gehabt hatte, sondern daß sie selbst mehr Mann als Weib war. Sonst machte man ihr aber nicht viel Ärger, weil sie bei der Arbeit flink war. Sie putzte die Häute mit dem scharfen Steinmesser schnell und sauber. Selbst die stolzesten und boshaftesten großbusigen und kinderreichen jungen Weiber wagten es nicht, Weib-Mann-Mann zu schikanieren, weil der Bruder ihrer Mutter der Bär-Groß war,

und es tat sehr weh, wenn man von ihm einen Tritt in den Hintern bekam.
Die Männer beachteten das schmächtige Jungweib nicht. Keiner hatte sie je am Abendfeuer am Haar gepackt und weggeschleppt. Das heißt, der begehrte Bison-Tod griff einmal nach ihr und hat ihren vorgetäuschten Widerstand natürlich schnell überwunden. Dann stieß er sie jedoch wieder auf ihren Platz zurück, und alle lachten, vor allem die Weiber. Bär-Groß als Beschützer der Kinder seiner Schwester mußte diese Schmach rächen. Er kämpfte mit Bison-Tod, und beide Jäger mußten Hand-Hand-Fuß, also nach moderner Rechnung fünfzehn Tage, ihre Wunden mit Kräutern, Spucke und Leim heilen. Seit jener Zeit hat sich kein Jäger der kleinen Weib-Mann-Mann genähert.
Fuß-nicht-Fuß hätte sie gerne am Haar gepackt, wagte es jedoch nicht. Bei seiner niedrigen Rangstellung mußte er sehr vorsichtig sein. Es konnte passieren, daß ihr Schein-Widerstand, der zum Zeremoniell gehörte, in seinem Fall ernst werden könnte. Würde sie ihn abwehren, wäre er erledigt, er müßte nach seiner öffentlichen Beschämung die Horde verlassen. Und dies war ein sicheres Todesurteil.
Fuß-nicht-Fuß wurde oft zu Hause gelassen, wenn die Männer weit weg auf die Jagd zogen, den Bisonherden nach. Er wurde mit minderen, fast weiblichen Arbeiten beauftragt. Das Jungweib, das er für sich immer nur «Hirschkuh» nannte, sah er sehr oft, und sein Begehren wuchs.
Der Krüppel Fuß-nicht-Fuß hatte mehr Zeit nachzudenken als die Jäger, die sich im Laufen, Spurensuchen

und Kampf mit den Tieren ganz verausgabten. Er dachte oft über Hirschkuh und über sich selbst nach.
Einmal, als sie ganz allein am Bach eine Bisonhaut reinigte, kam er auf sie zu, reichte ihr eine Blume und sagte: «Hirschkuh-*Blume*». Er wußte es natürlich nicht, aber er hatte damit das erste Liebesgedicht der menschlichen Geschichte erfunden.
Weib-Mann-Mann stieß ihn weg, wie es sich nach den Sitten der Horde gehörte, und er versuchte nicht, mit ihr zu kämpfen. Die Blume beroch sie und warf sie weg, da sie nicht genießbar war.
Als Fuß-nicht-Fuß das nächste Mal Hirschkuh auflauerte, brachte er ihr drei Blumen und sagte: «Hirschkuh-Sonne». Ob es die gesteigerte dichterische Leistung war, die sie beeindruckte, oder die Tatsache, daß es diesmal Blumen waren, aus denen man einige Tropfen süßen Nektars herauskauen konnte; oder ob sich Hirschkuh inzwischen überlegt hatte, daß ein hinkender Mann besser war als keiner – jedenfalls war der Stoß, den sie Fuß-nicht-Fuß versetzt hatte, schwach und eindeutig nicht ernst gemeint.

Das dritte Mal trafen sie sich zufällig, als sie beide nach Reisig für das Feuer suchten, deshalb hatte der Mann keine Blumen. Er sagte nur: «Hirschkuh-Blume-Sonne», was bedeutete: «Du bist schön wie eine Blume, auf die die Sonne scheint», und das war schon ein wahres Gedicht.

Sie sagte: «Fuß-nicht-Fuß Bison-Zunge», womit sie weniger seine Wortgewandtheit als seine allgemeine Qualität loben wollte – Zunge war das schmackhafteste und ehrenvollste Stück der Beute. Sie hatten beide noch nie Zunge gegessen. Sie nahm seine Hand – sie mußte ja nicht auf Sitten achten, da sie niemand gesehen hatte – und führte ihn zu einer versteckten Lichtung im Wald.

So haben zwei Außenseiter der Horde die moderne Liebe erfunden. Zum erstenmal wurde eine Frau nicht vergewaltigt, nicht einmal zum Schein. Zum erstenmal haben sich ein Mann und eine Frau ohne das Zeremoniell vor der am Feuer versammelten Sippe vereint. Und zum erstenmal entstand eine feste Bindung zweier Menschen, für die der Ruhm, von vielen Männern begehrt zu sein oder vielen Weibern Kinder gemacht zu haben, unerreichbar war.

Um ein Happy-End zu haben, könnten wir uns ausdenken, daß Fuß-nicht-Fuß den Schießbogen erfunden hat, um seiner Hirschkuh Zunge und Leber bringen zu können, und somit die Zivilisation fortentwickelt hat. Was schert uns aber die Zivilisation, wenn es um die Liebe geht?

2. Das erste Geschäft

Kong, ein Jäger der Mamba-Sippe, legte den eben gefangenen Fisch ins Gras und ging zum Bach zurück, um Wasser und ein paar Stück Geröll zu holen. Dann machte er Feuer, um die Steine zu erhitzen – er würde sie, wenn sie soweit waren, mit zwei Gabelstöcken, die er immer bei sich hatte, aus dem Feuer holen und in den tönernen Topf stecken.
Kong brach einen Zweig ab, spitzte das abgebrochene Ende an einem Stein an, so gut es ging, und bemühte sich geduldig, den Fisch aufzuschlitzen, um die Galle wegzuwerfen. Unglaublich, was für eine mühsame Arbeit das ist, einen Fisch zu schneiden, wenn man kein richtiges scharfes Steinmesser hat.
Das Messer steckte jedoch im Bär, und der Bär steckte in seiner Höhle. Vielleicht war der Bär schon tot, in der Höhle war aber noch eine lebendige Bärin mit einem Jungen. Selbst mit Waffen konnte Kong es nicht wagen, in die Höhle nachzusteigen, geschweige denn mit leeren Händen.
Kong war verärgert und traurig. Er war eigentlich losgezogen, um für die Sippe Fleisch zu holen. Die Mambas hatten schon lange nichts außer Fisch gegessen. Und statt dessen hatte er die größte Kostbarkeit der Sippe verloren – das lange Messer. Die Mambas hatten nur noch ein Messer und ein Messer, beide alt, kurz und stumpf. So was mußte gerade Kong passieren, einem alten, erfahrenen Jäger, der schon fast Hand-Hand-Fuß-Fuß Sommer (also zwanzig Jahre) auf der Welt war!

Er würde am nächsten Morgen wieder zu der Bärenhöhle gehen, vielleicht würde es ihm gelingen, sein Messer zu holen, wenn die Bärin jagen ging. Sonst würden sich die Mambas doch entschließen müssen, die Tamba-Sippe zu überfallen, um einige Messer zu rauben. Man konnte ohne Messer nicht leben, und am Ufer des Großen Flusses, wo die Mambas lebten, gab es keine scharfen Steine.

So ein Überfall war allerdings ziemlich riskant. Die Tambas, die drei Sonnen entfernt in den Bergen lebten, hatten nicht weniger Männer als die Mambas, und jeder von ihnen hatte ein scharfes Messer. Aber was sollte man machen? Ganz ohne Messer ging es nicht.

Vertieft in seine Gedanken, vernahm Kong das Geräusch hinter seinem Rücken etwas zu spät. Als ihn jedoch etwas aus der Dunkelheit ansprang, rollte er sich instinktiv zur Seite.

Das erste, was er im Lichtkreis des Feuers sah, war eine Hand mit einem Messer; das Messer bohrte sich in die weiche Erde hinein.

Kong packte den Arm des Fremden – es war ein dünner Arm – und zog einen jungen Tamba ans Licht, vielleicht Hand-Hand-Finger-Finger alt.

«Wer bist du?» fragte Kong.

Die Sprachen der Mambas und der Tambas waren sehr ähnlich, die Sippen hatten sich erst vor zwei Generationen getrennt. Es waren für unsere heutigen Begriffe sehr primitive Sprachen – obwohl sie für die damaligen Bedürfnisse ausreichend entwickelt waren –, deshalb wird das weitere Gespräch hier in der heutigen Sprache wiedergegeben. Es wird auch so primitiv bleiben.

«Ich bin Bar, Jäger der Tamba.»
«Du – Jäger?»
«Na ja, hätte ich dich besiegt, wäre ich bei den Jägern aufgenommen.»
«Warum wolltest du mich töten? Fressen die Tambas Menschenfleisch?»
«Nein, unsere Alte Frau, die Mutter meiner Mutter, sagt, die Mambas fressen ihre Toten.»
«Wir?» wunderte sich Kong. «Wir schicken unsere Toten mit dem Fluß zum Großen Fisch.»
«Und wir bringen unsere Toten in die Berge zu den Großen Vögeln.»
«Warum also wolltest du mich töten?»
«Ich wollte den Topf...»
«Den Topf?» Kong lachte. «Jede Mamba-Frau kann an einem Tag drei Töpfe machen, auch viel größere als diesen, den ich auf die Jagd mitnehme.»
«Tamba-Frauen können das nicht. Und wir haben in den Bergen keine Tonerde.»
Kong holte das Messer aus der Erde und ließ den lahm gewordenen Arm des Jungen los.
«Wirst du mich jetzt töten?» fragte Bar.
«Warum?»
«Ich wollte dich töten...»

«Weil du blöd bist wie ein junger Frosch ... Wegen eines Topfes ... Den Topf kannst du haben, wir haben genug davon. Aber das Messer behalte ich, wir brauchen es dringend.»
«Ein Messer ... kann ich selbst jeden Tag eins machen.»
«Hast du Hunger?» fragte Kong. Er holte den Fisch mit einem Gabelstock aus dem Topf, legte ihn auf ein großes Blatt, schnitt ein Stück ab – es war eine Wonne, mit so einem schönen Messer zu schneiden – und reichte es dem Jungen auf einem anderen Blatt. «Paß auf», sagte er, «der Fisch ist heiß.»
«Ich weiß», nickte Bar. «Wir kochen auch – Bergziegenfleisch. Nur haben wir jetzt ganz wenig Töpfe.»
Sie aßen.
«Schmeckt das, Bergziegenfleisch?» fragte der Mamba.
«Mhmm», nickte der Tamba, «aber der Fisch schmeckt besser.»
Kong dachte nach. «Ihr braucht Töpfe, wir brauchen Messer ... Bringt uns Messer, wir werden euch Töpfe bringen. Für ein Messer einen Topf, für ein langes Messer einen großen Topf.»
Kong und Bar überbrachten ihren Sippen die erworbenen Kostbarkeiten und die Botschaft. In beiden Gemeinschaften gab es lange Diskussionen. Man hatte Angst, daß die anderen die Begegnung zum Überfall ausnutzen könnten. Man hat sich für die Eröffnung von Geschäftsbeziehungen erst entschlossen, als die Führerinnen der Sippen, die Alten Frauen, einen neuen Begriff erfanden. Diesen Begriff kann man mit dem heutigen Wort «Betrug» übersetzen. Die Mambas glaubten, daß sie die anderen reinlegten, indem sie für rare

Messer wertlose Töpfe gaben; genau dasselbe dachten die Tambas, als sie die Möglichkeit sahen, für Messer, die es in Hülle und Fülle gab, kostbare Töpfe zu bekommen, ohne dabei den Kopf zu riskieren.
Die Lust, die anderen übers Ohr zu hauen, überwand die Angst. Man handelte einen Treffpunkt auf halbem Wege und Sicherheitsmaßnahmen aus – und das Geschäft lief an. Es wurde später auch auf Bergziegenfleisch und Fische erweitert.
Der Handel hieß ursprünglich in beiden Sprachen «Betrug», was niemanden störte, weil jede Sippe dafür ein anderes Wort erfand. Das Wort «Tausch» – ein gemeinsames mamba-tambanisches Wort – entstand erst später.

3. Das erste Fest

«Na ja, Männer haben doch keinen Verstand», dachte die Alte Frau der Waldkatzen-Sippe, als ihr der Sohn der Schnellen Nadel, ein Knabe, der noch keinen eigenen Namen hatte, meldete, daß die Jäger einen Mammutbullen erlegt hatten. «Woher sollen sie auch Verstand nehmen? Bei der Jagd haben sie keine Zeit zum Denken, die Jagd stärkt nur ihre Beine und Arme, aber die Leber eines Mannes, der Sitz des Denkens, ist so leer wie seine Brust. Die Weiber sind es, die für die Sippe denken müssen – bei ihrer gemächlichen Arbeit, die sie in oder vor der Höhle tun, meistens im Haufen, lernen sie das. Na ja. Aber so ein Unsinn, jetzt ein Mammut zu erlegen! Hoffentlich ist keiner von den Jägern dabei schwer verwundet worden!

Die Sonne glüht, es ist etwa die Mitte der warmen Zeit. Überall gibt es genug kleine Tiere, die Pflanzen sind saftig und schmackhaft, manche bringen schon Früchte und Körner... Die Sippe wird jeden Tag ohne Mühe satt, und diese Männer – die haben wirklich kein Stückchen Verstand in ihren Lebern – kommen mit einem Mammut und wollen vielleicht dafür noch gelobt werden, daß sie so ein großes Tier erlegt haben!
Konnten sie damit nicht bis zum Ende der warmen Zeit warten? Eine Mammutherde läuft nicht weg, solange sie nicht alles abgegrast hat. Am Anfang der kalten Zeit haben die Mammuts viel besseres Fleisch. Und vor allem, man braucht sie als Vorrat für die lange Kälte. Und heute? Nicht einmal drei Tage wird das Fleisch genießbar bleiben...»
Was blieb aber der Alten Frau übrig? Sie scheuchte die Sippe auf. Die Frauen nahmen die steinernen Messer und Äxte, die sie zum Zerlegen der Beute brauchten, banden sich die kleinen Kinder auf den Rücken, brachten die größeren mit ein paar Ohrfeigen zur Ordnung und marschierten zum Mammut.
«Es liegt wenige Speerwürfe vor dem Spitzen Felsen», berichtete der Knabe.
Das war nicht einmal eine halbe Sonne Weg.

Weitauge, der Anführer der Jäger, antwortete auf die Vorwürfe der Alten Frau mit lautem Lachen.
«Du bist die weise Alte Frau», sagte er, «aber du weißt nicht alles. Der Bulle hatte sich ein Vorderbein gebrochen, er hätte es nicht mehr lange durchgehalten. Sollten wir so einen Berg von Fleisch den wilden Tieren und

den Vögeln überlassen? Oder sollte ich einen Knaben zu der Felskatzen-Sippe schicken und sagen: ‹Da liegt ein Mammutbulle, den man nur noch töten muß, kommt und eßt, wir sind satt?›» Weitauge lachte jetzt noch lauter.

«Na ja», seufzte die Alte Frau. «aber wir sind mitsamt Kindern sechsundzwanzig Menschen [sie sagte natürlich «Hände-Füße-Hand-und-Finger-Menschen»], wir können das Mammut in zwei Tagen nicht aufessen. Und dann wird das Fleisch nicht mehr gut sein.»

Weitauge warf die Arme nach oben. «Ich werde die Sonne hochhalten, damit es kalt wird», scherzte der Jäger.

Die Männer sind eben so, machen sich über alles lustig, sie haben halt keinen Verstand.

Ein junger Jäger namens Kurzer Speer mischte sich in das Gespräch der älteren ein – die Regel des Respekts

und Anstands waren damals noch nicht erfunden – und sagte: «Schickt einen Knaben zu den Felskatzen. Er soll sagen: ‹Kommt und eßt mit uns›. Es ist viel Fleisch.»
«Bist du von einer Schlange gebissen worden, oder hast du vergorene Äpfel gegessen?» herrschte ihn Weitauge an. «Wir haben den Bullen getötet und die Felskatzen sollen essen?»
«Es ist viel Fleisch!» wiederholte hartnäckig der junge Mann. Es lag ihm sehr an einem Treffen mit der Nachbarsippe. Er hoffte, daß die Felskatzen ihn für eines ihrer jungen Weiber auswählen würden. Bei den Waldkatzen gab es zwar zwei mannbare Mädchen, beide waren aber Töchter seiner Mutter.
Die Alte Frau dachte auch daran, daß es Zeit wäre, Männer für die beiden Jungweiber einzutauschen. Sie verschwanden immer wieder mit Jägern, die anderen Frauen gehörten, es gab schon Zank unter den Weibern.
«Schickt den Knaben!» sagte die Alte Frau. «Die Felskatzen-Weiber werden uns dann helfen, das Tier zu zerlegen.»
Weitauge war überrascht und unzufrieden, er war jedoch gewohnt zu gehorchen.
«Die Felskatzen sind wohl nicht weit, ich habe zwei ihrer Jäger hinter dem Berg gesehen.»
Die Felskatzen kamen, es waren ungefähr so viele wie die Waldkatzen. Sie brachten mehrere Krüge mit vergorenem Apfelsaft mit.
Die Sippen praßten zwei Tage und zwei Nächte lang. Die Frauen waren vom Apfelgetränk ziemlich berauscht. Die Alten Frauen beider Sippen waren jedoch wach geblieben und paßten auf, daß die Männer

nicht zu viel zu trinken bekamen, damit es zu keinen Schlägereien kam. Auf die Frauen paßten sie nicht auf. Als sie sahen, daß irgendein Weib einen fremden Jäger ins Dickicht führte, lächelten sie nur.
Die Alte Frau der Felskatzen sagte der Führerin der Waldkatzen: «Unsere Jäger redeten schon davon, euch zu überfallen, um die beiden Jungweiber zu erbeuten. Ich habe sie zurückgehalten. Es ist besser zu tauschen als sich zu schlagen.»
Es gab ein Problem, da die Waldkatzen zwei junge Männer brauchten und nur einen anzubieten hatten. Nach langen Gesprächen beschlossen die Alten Frauen, daß eine der Waldkatzen-Schwestern zusammen mit dem Kurzen Speer zu den Felskatzen gehen sollte. Dies war gegen die Sitte, der Mann sollte der Frau in ihre Sippe folgen. Die kluge Führerin der Waldkatzen gab jedoch gerne nach: Sie wollte die junge Großbusen loswerden, die die älteren Jäger allzu wild machte und für Unfrieden in der Sippe sorgte.

Es war ein gelungenes Fest und stärkte die Beziehungen zwischen den Sippen, die ja nicht immer so friedlich waren, sehr. Es ist nun mal so – wenn die Menschen satt sind, werden sie friedlicher. Zumindest war es in jenen uralten Zeiten so.
Die Alten Frauen beschlossen, im nächsten Jahr wieder ein Mammut-Essen zu veranstalten. In der warmen Zeit hatten die Männer ja wenig zu tun, weil ihnen das Kleinwild direkt in die Hände lief; es war besser – da waren sich die Alten Frauen einig –, wenn die Männer immer beschäftigt waren, sonst wußte man nie, welche Gedanken sie in ihren leeren Lebern ausbrüteten.
Einen genauen Termin für die nächste Feier hatten die Alten Frauen nicht festgelegt. Erstens hatten sie keinen Kalender und zweitens – das Datum des Festes hing auch ein wenig von den Mammuts ab. Aber die Tradition der friedlichen Feste war geboren worden.

4. Die Ur-Gerechtigkeit

Ich kann nicht sagen, wann genau sich diese Geschichte abspielte, da ich kein gelernter Historiker bin; und selbst wenn ich einer wäre, könnte ich es nicht wissen, weil es eindeutig eine prähistorische, also vorgeschichtliche Geschichte ist.
Sie ist so alltäglich und banal, daß sie wohl gleich in den ersten Zeiten der Menschheit geschehen mußte; sobald der Mensch Mensch wurde, konnte sie nicht lange auf sich warten lassen. Allerdings konnte sie auch nicht frü-

her stattfinden, denn für so abstrakte Probleme wie Gerechtigkeit interessieren sich nur Menschen. Besonders, wenn sie Hunger haben.
Satte Menschen beschäftigen sich zwar auch mit abstrakten Problemen, sogar häufiger als die Hungrigen – je satter sie sind, desto häufiger –, interessieren sich aber nicht wirklich für sie: Wenn der Magen voll ist, verlieren abstrakte Probleme ihre konkrete Bedeutung.
Damals also, in den Urzeiten der Menschheit, hatte ein Jäger ein Tier erlegt. Es war kein großes Tier, irgend so ein damaliger Urhase. Der Jäger war trotzdem sehr froh, denn es war eine magere Zeit am Ende des Winters, und er selbst war kein besonders guter Jäger – nicht sehr geschickt und nicht sehr stark.
Er bückte sich über seine Beute und überlegte, ob er sie auf der Stelle verzehren oder in seine Höhle bringen sollte, wo seine Frau das Fleisch am Feuer braten konnte. Dann würde er zwar gerechterweise seiner Frau etwas abgeben müssen, aber seine Frau war gut, jung und arbeitsam, also ...
Der Jäger dachte seine Gedanken nicht zu Ende, weil ihn in diesem Moment jemand am Kragen packte und so stark schubste, daß er mehrere Schritte flog und in den Schnee fiel.
Es war der stärkste Mann der Sippe. Der hielt nun das Tier in der Hand, schlitzte es auf und fraß.
Was sich der Stärkere dabei dachte, als er seinen Sippenbruder überfiel und ihm seine Beute nahm, weiß ich nicht. Höchstwahrscheinlich hat er sich nichts dabei gedacht – der Mensch weiß von jeher instinktiv, ohne nachzudenken, daß es einfacher und günstiger ist, einem

schwächeren Artgenossen seine Beute wegzunehmen, als selbst mühsam zu jagen. Er hatte Hunger, und er war stärker, also hatte er sich die Beute des anderen genommen.
Hier muß bemerkt werden, daß Hunger nicht immer und nicht alle zu Überlegungen über abstrakte Dinge verleitet. Nicht den Stärkeren. Der andere Jäger aber war schwächer, also mehr zum Denken geneigt. Er richtete sich auf und sagte: «Das ist nicht richtig. Das war meine Beute. Ich habe sie erlegt.»
Der Starke sagte nichts, weil er mit dem Essen noch nicht ganz fertig war, er nahm nur eine drohende Pose ein. Dann warf er die abgenagten Knochen weg und sagte fast versöhnlich, weil er inzwischen satt war: «Ich bin stärker!»

«Aber das ist nicht gerecht», wiederholte der Schwächere hartnäckig, denn sein Magen knurrte.
«Soll ich dir zeigen, daß ich stärker bin?» fragte der Starke und ballte die Fäuste. Die Drohung war nicht sehr ernst gemeint. Die Sattheit machte ihn gutmütig, er hatte nichts gegen ein Schwätzchen, obwohl er eigentlich kein abstrakter Denker war. Das Gespräch war aber jetzt ganz abstrakt geworden, denn es gab kein Fleisch mehr.
«Komm in unsere Höhle, meine Frau wird dir auch sagen, daß es nicht gerecht war, mir meine Beute wegzunehmen. Und unser Ältester, der Alte Fuchs, wird das auch sagen.»
Für die Schwachen ist es immer wichtig, zu beweisen, daß das Recht und die öffentliche Meinung auf ihrer Seite sind, auch wenn das Fleisch weg ist.
Der Alte Fuchs lehnte es allerdings ab, den Streit der beiden zu schlichten, weil der Gegenstand des Streits, der Urhase, nicht mehr vorhanden war.
Die Frau stellte sich hinter ihren Mann. «Es war nicht gerecht», sagte sie. Dann fügte sie aber hinzu: «Na ja, du hattest Hunger, und du bist stärker. Du konntest aber auch ein Stückchen Fleisch für uns lassen, das wäre gerechter gewesen.»
«Deine Frau ist schön und klug», sagte der Starke. «Du kommst mit in meine Höhle, Frau!» Die Frau ging mit dem Stärkeren, sie war ja klug.
Das war damals, in der Urzeit der Menschheit. Heute wird die Gerechtigkeit unter einzelnen Menschen meistens nicht so primitiv gehandhabt, allenfalls unter Staaten.

Das Geschäft des Philosophen

Ich, Klĕont aus Abdera, in Branchenkreisen auch «der gescheite Abderit» genannt – in meinen ehemaligen Branchenkreisen, versteht sich –, will hier erzählen, wie ich den Beruf gewechselt habe.

An sich war mein Job gar nicht schlecht. Kleine Statuetten von Fruchtbarkeitsgöttinnen zu verkaufen, war ein risikoloses Geschäft. Erzähle mir niemand, daß religiöse Gefühle im Volke nicht mehr lebendig seien. Dies stimmt überhaupt nicht, zumindest, wenn es die Fruchtbarkeit betrifft. Man kann an diesen Gefühlen ganz gutes Geld verdienen, wenn man sich ein wenig mit den Menschen auskennt, vor allem mit den Frauen. Und wenn es darum geht, kann ich es mit jedem aufnehmen. Ich war ein guter Verkäufer – gerade noch jung genug, um auf Frauen angenehm zu wirken, aber auch schon alt genug, um nicht von ihren Männern, diesen geilen Böcken, belästigt zu werden. Meine Ware wurde freilich von Jahr zu Jahr schäbiger. Die Sklaven in der Werkstatt des Chronidoros in Phrakosia waren nämlich unheimlich fruchtbar. Man konnte beinahe glauben, daß die Göttinnen, die sie fertigten, tatsächlich wirksam waren. Sie hatten Scharen von Bälgern. Sentimental und kinderlieb, wie Sklaven es nun einmal sind, kümmerten sie sich mehr um ihre Gören als um die Arbeit. Chronidoros, der alte Knabenschänder, war ständig nur mit den neu heranwachsenden Generationen seiner rosahäutigen Sklavenjungen beschäftigt. Freie Aufseher hatte er nicht angestellt – aus Geiz und weil er Angst

hatte, daß sie ihm seine Knaben vernaschen würden. Die Sklaven hatten freie Hand. Faul, wie sie waren, und ohne Interesse am Geschäft, bearbeiteten sie die Göttinnen grob und alle nach einem Muster.
Das machte mir ab und zu Schwierigkeiten, denn die Frauen sind fest im Glauben und starr im Aberglauben. Manche sind patriotisch und wollen keine fremde Göttin. Wenn es Demeter sein sollte, mußte es Demeter sein, keine Astarte und keine Pomona. Andere haben wiederum zu unseren biederen griechischen Göttinnen kein Vertrauen. Nur Astarte lockt sie an, weil sie so lustvoll und pervers ist und weil sie aus dem geheimnisvollen magischen Orient kommt.
Meine wichtigste Leistung war, mich bei dem ersten Blick auf die Frau und ihre Wohnung zu entscheiden, ob ich meine Ware als Demeter, Astarte oder als die vornehme römische Pomona anbiete – und da war ich groß, ich habe mich selten geirrt.

Wenn die Männer nicht zu Hause waren, mußte ich noch eine Entscheidung treffen. Die meisten Käuferinnen waren scharf darauf, die Wirksamkeit der Göttin sofort mit mir auszuprobieren, und ich mußte mir gleich zu Beginn der Verhandlungen im klaren sein, ob ich es darauf ankommen ließ.

In den ersten Jahren meiner Handelswanderungen zog ich die älteren Frauen vor, weil sie am Morgen danach bereit waren, den dreifachen Preis für die Statuette zu zahlen, und weil sie mich viel besser bewirteten als die jungen. Die jungen dagegen betrachteten meistens die lustige Nacht als Anzahlung auf die Göttin, feilschten hartnäckig um jeden Obolus und verwendeten meine eigenen Liebesfloskeln, die ich ihnen nachts zugeflüstert hatte, gegen mich. Sie hatten auch weniger Geld und kochten nicht so gut wie die alten.

Später, als das Geschäft gut ging, erlaubte ich mir öfters, dem Vergnügen Vorrang zu geben. Häßlichen Matronen bot ich gleich die falsche Göttin an, um mich schnell aus dem Staub machen zu können, und verhökerte meine Ware an knusprige junge Weiblein, die in Sachen Fruchtbarkeit viel mehr bewirken konnten als die steinernen Puppen.

Mein Gewinn wäre trotzdem gar nicht schlecht gewesen, zumal ich das Essen und die Übernachtung fast immer kostenlos hatte. Das Problem aber war, daß die Straßenräuber zu jener Zeit plötzlich fromm und rechtschaffen wurden.

Früher hatten sie mich immer auf dem Rückweg überfallen und mir das ganze Geld weggenommen, das sie finden konnten. Nur – ich wußte, wie man das Geld versteckt. Etwa ein Fünftel des Erlöses hielt ich so, daß sie es mit etwas Mühe finden konnten. Die Räuber waren damit zufrieden. Sie kannten sich mit meinen Preisen nicht aus. Und ich war ebenfalls zufrieden, denn zwanzig Prozent vom Umsatz sind eigentlich als Gewerbesteuer und Lebensversicherung zugleich kein übertriebener Satz.

Alles änderte sich, als die Regierung in Athen demokratischer wurde. Die Stadtwachen sind jetzt dauernd mit Ordnungsschutz bei verschiedenen Versammlungen beschäftigt und haben keine Zeit, sich mit den Straßenräubern abzugeben. Außerdem werden die Räuber jetzt regelmäßig von den Politikern als Wahlhelfer angeheuert, so daß die Ordnungshüter, die ja bei dem dauernden Wechsel in den Regierungsämtern eh nie genau wissen, wen sie verhaften und wen sie schützen sollen, keine Lust mehr haben, sich mit bewaffneten Haudegen anzulegen.

Die Räuber haben bei so vielen Versammlungen assistiert und zugehört, daß sie jetzt in den Fragen des Rechts, der Moral und des Glaubens recht gebildet sind. Sie haben ihre Arbeitsmethoden geändert. Jetzt lauern sie mir gleich am Anfang meines Weges auf und bieten mir und meiner heiligen Ware ihren Schutz an. Sie zählen die Statuetten und bestimmen die Preise, für die ich sie verkaufen darf. Bei der Rückkehr muß ich ihnen als Honorar für den Schutz sechzig Prozent vom Erlös abgeben.

Die Preise, die sie für die Ware ansetzen, sind ganz schön hoch, man muß bei den Weibern schon ordentlich schwitzen, um sie zu erreichen. Wenn ich aber gegen diese Preise zu protestieren versuche, sagen die Räuber, ein Schleuderpreis sei eine Beleidigung der Göttinnen, und ich wisse wohl, was sie als fromme und rechtschaffene Bürger mit einem Götterlästerer machen würden. Das hat mir jeden Spaß am Geschäft vergällt. Ich bin zu dem Schluß gekommen, daß ich mich nach einem ruhigen Beruf umsehen muß. Schließlich bin ich schon fast fünfundzwanzig.

Ich hörte von einem Philosophen namens Monimaikos, der in einer Höhle nicht weit von Athen leben soll und zu dem viele Leute aus der Stadt pilgern, um sich Rat zu holen. Er ist ein berühmter Mann, man munkelt sogar, daß er der große Sokrates selbst sei. Man habe ihn seinerzeit nur zum Schein zum Tode verurteilt, erzählen die Leute, um die Anhänger seiner gefährlichen Gedanken abzuschrecken. In dem Becher, den man ihm gebracht habe, sei jedoch kein Gift, sondern ein starkes Schlafmittel gewesen; man habe ihn in der Nacht aus der Stadt weggebracht, ihm den Bart abrasiert, und jetzt lebe er in seiner Höhle unter einem anderen Namen. Dann müßte er aber ein ziemlich alter Herr sein, denn die Geschichte mit seiner Verurteilung passierte, als ich noch ein kleiner Junge war.

Mich packte die Neugier, und da ich sowieso nichts zu tun hatte, beschloß ich, ihn aufzusuchen.

Unterwegs dachte ich darüber nach, worin das Geschäft eines Philosophen bestünde. Die Arbeitsbedingungen fand ich ziemlich verlockend, denn, soweit ich wußte, war der erste Grundsatz eines jeden Philosophen, nicht zu arbeiten. Die einzige Arbeit, die er auszuführen hatte, war, sich eine Begründung für sein Nichtstun auszudenken. Nicht zu arbeiten, oder nur so wenig wie möglich, war schon immer auch mein Grundsatz. Insofern bin ich auch ein Philosoph. Mir fehlt nur das Kleingeld, ihn zu verwirklichen ...

Die Ware, die die Philosophen zu verkaufen hatten, war goldrichtig – Gedanken und Reden. Die kosteten sie nichts, und kein Räuber konnte sie ihnen wegnehmen. War ich etwa nicht fähig, diese Ware zu produzieren? Möchte sehen, dachte ich, wie ein Sokrates es schaffen würde, einer frommen und geizigen Matrone eine grob gemachte Statuette, die ursprünglich die frivole Astarte darstellen sollte, als Mutter Demeter anzudrehen!

Obwohl, ich weiß nicht ... Ich habe immerhin den Kundinnen außer Reden noch ein Stück Stein gegeben, das mich einen Obolus kostete. Die Philosophen verkaufen aber nur Reden, ohne Zugabe ... Alles schön und gut – nur, wie macht man das, daß man dafür Geld kriegt? Den Trick möchte ich herauskriegen ...

Man erzählt freilich auch, daß sich die Philosophen von Wurzeln und Gras ernähren. Das wäre natürlich Mist. Mein Gaumen wurde von den guten Frauen recht verwöhnt. Ich glaube nicht, daß sich ein kluger Mensch freiwillig für so eine Diät entscheiden kann, da würde doch jeder lieber arbeiten.

Der alte Mann konnte wohl kaum Sokrates sein, das merkte ich auf den ersten Blick. Nach Fünfundneunzig sah er wirklich nicht aus.

Er war aber die Würde in Person, und ich empfand sofort Respekt vor ihm. So heilig wie er aussah, könnte er jeden Tag mühelos sechs Göttinnen verkaufen, und kein Weib hätte es gewagt, mit ihm zu feilschen.

Er saß in einer fast leeren Höhle und knabberte an einer harten Wurzel. Das verunsicherte mich. Ich konnte kein Wort herauskriegen. Er schwieg und wartete, bis ich anfing. Dann faßte ich mich. Ich wolle, sagte ich, ihn um Rat bitten, weil ich einen neuen Beruf suche.

«Ist dies das einzige Begehren, das dich zu mir brachte, mein Sohn? Willst du nichts über den Sinn des Lebens und den Lauf der Welt erfahren?» fragte er mich streng. Er blickte dabei irgendwohin hinter meinem Kopf.

«Verzeihen Sie, Meister», sagte ich, «aber über diese Dinge habe ich noch nie nachgedacht. Wenn man tags und nachts im Dienst ist und dazu auch noch dauernd auf der Hut vor Ehemännern und Räubern sein muß, hat man dafür keine Zeit. Wenn es aber sein muß, kann

ich es mir gerne anhören. Am liebsten würde ich jedoch über meine Berufschancen sprechen.»
Der Alte fragte mich sehr genau über mein ganzes Leben aus. Als ich ihm alles erzählte, wurde er freundlicher und legte die scheußliche Wurzel weg. Darüber war ich richtig froh, weil mich dieses schreckliche Zeug ganz nervös machte.
Er lächelte mich an, was mich ermutigte, ihn zu fragen, ob er mich vielleicht in die Lehre nehmen würde oder wie es sonst bei den Philosophen heiße.
Monimaikos machte wieder ein strenges Gesicht. Er glaube, daß ich die Fähigkeiten dazu besitze, sein Schüler zu werden, meinte er. Er wisse aber nicht, ob ich bereit wäre, alle Entbehrungen des Lebens eines Philosophen auf mich zu nehmen.
Auch ich hatte da einige Zweifel, behielt sie aber für mich. Wir einigten uns darauf, eine Probe zu machen. Er zeigte mir eine Höhle, etwa zwanzig Stadien von der seinen entfernt, und ich richtete mich da mit den paar Sachen, die sich in den Tragetaschen meines Esels fanden, einigermaßen ein.
Jeden Morgen früh kam ich zu ihm, und wir sprachen über verschiedene Themen, von denen ich früher nie geglaubt hätte, daß sie jemanden interessieren könnten. Sie hatten nämlich keinen praktischen Sinn. Es waren aber interessante Gespräche, und ich habe viele neue Worte gelernt.
Am späten Vormittag kam immer jemand zu Fuß aus der Stadt zum Meister. Jedesmal schickte er mich dann in den Hain zum Meditieren. Die Gäste verbrachten jeweils eine oder zwei Stunden in der Höhle. Meistens

brachten sie volle Taschen oder Säcklein mit, die sie beim Weggehen nicht mehr hatten. Wenn ich dann aber zu Monimaikos zum Mittagessen kam, konnte ich in der Höhle keine Spur von den Gaben entdecken.
Das Mittagessen bestand aus allerlei Grünzeug, das vielleicht meinem Esel geschmeckt hätte. Zum Glück hatte ich in meiner Höhle noch ein wenig Vorrat an Brot, Käse, sybaritischer Wurst und einen Bocksbeutel Wein. Damit konnte ich mich über Wasser halten.
Nach dem Wurzelessen schickte mich der Meister immer mit irgendeinem Manuskript in meine Höhle zurück. Er wolle auch studieren und meditieren und müsse dabei allein sein, sagte er.
Nach einer Woche hatte sich aber alles geändert. Der Meister teilte mir mit, daß ich die Prüfung bestanden habe; wenn ich wolle, könne ich sein Schüler, Helfer und Nachfolger werden. Er deutete an, daß mein Leben dann gar nicht so ärmlich sein müsse, wie es schien. Dies sei mein Traum und meine feste Absicht, antwortete ich.
Der Meister führte mich zu der hinteren Wand der Höhle, wo eine Statue der Athene Parthenos stand. Ich dachte, er wolle mir jetzt einen Schwur abnehmen. Er führte mich aber zu einer Tür, die hinter dem Standbild versteckt war.
Wir kamen in eine gemütlich, ja reich eingerichtete Wohnung, die von mehreren Öllampen beleuchtet wurde. Da begrüßte uns eine lustige, überall runde Frau, etwa in meinem Alter, die mir Monimaikos als seine liebe Freundin Agathē vorstellte. Die liebe Agathē mußte an diesem Morgen fleißig gewesen sein, denn auf dem Tisch erwartete uns ein Frühstück mit Leckereien,

neben denen sich selbst jene Mahlzeiten, mit denen mich einst die Frau des Archonts von Korithea bewirtet hatte, wie eine Vesper für Mauleseltreiber ausnahmen. Ich war von diesem Anblick so ergriffen, daß ich nicht gleich das junge Mädchen bemerkte, das bescheiden in der Ecke stand. Der Meister machte mich lachend auf sie aufmerksam:
«Das ist Helene, Agathēs Schwester. Ich habe sie rufen lassen, und sie ist gestern nachmittag gekommen. Wenn sie dir gefällt, wird sie bei dir bleiben.»
Und ob sie mir gefiel! Ich war glücklich, endlich eine eigene Frau zu haben, die ich lieben konnte, wann ich wollte, und nicht, wann sie es verlangte!
Dann aßen wir und sprachen ausgiebig. Der Meister sagte mir, daß er schon lange auf einen jungen Mann wie mich gewartet habe, weil der Beratungsbetrieb dauernd wachse; in der Saison, wenn die Wege trocken seien, warteten Ratsuchende manchmal mehrere Tage vor der Höhle. Arbeit gebe es hier für zwei Philosophen genug, und das Geschäft könne uns alle vier gut ernähren.
Einige Wochen müsse ich noch bei seinen Gesprächen mit den Gästen zuhören, um praktische Erfahrungen zu sammeln. Dann werde er mich direkt einsetzen, und wir würden in meiner Höhle eine Filiale eröffnen. Zuerst werde er mir einige ältere Frauen schicken – da sei ich doch Spezialist, meinte er augenzwinkernd. «Außerdem», sagte er, «nur junge Menschen brauchen den Rat der Weisheit, den älteren hilft der Trost der Jugend mehr.»
Wir aßen köstlichen Ziegenkäse – er wurde, in Wein-

blätter gewickelt, gegrillt – und lachten sehr über meine Angst vor der Wurzelkost. Er sei mir gegenüber zuerst mißtrauisch gewesen, erzählte Monimaikos, weil er mich, meiner Kleidung nach – man muß sich ja als Handelsreisender modisch kleiden – für einen jener Söhne reicher Väter gehalten habe, die vom Nichtstun und aus Langeweile Gewissensbisse bekommen und nach dem Sinn des Lebens suchen. Diese jungen und nicht mehr ganz jungen Männer seien ergebene, gutgläubige und freigebige Kunden. Sie lauschten begierig den Worten des Lehrers und verbreiteten eifrig seinen Ruhm. Man könne ihnen die schwierigsten Aufgaben auferlegen: Sie gingen in die Einöde, äßen Wurzeln, wanderten zu Fuß von Stadt zu Stadt, um die Lehre zu verkünden... Sie lebten auch selbst streng nach den Regeln der Lehre.

Die jungen Leute aus reichen Familien hätten jedoch einen großen Fehler: Sie nähmen alles, was ihnen ein Philosoph verkünde, allzu ernst – da sie ja keine eigene Meinung haben, weil sie nichts vom Leben, alles nur von Lehrern und Predigern lernten. Für praktische philosophische Arbeit, also als Berater, eigneten sie sich überhaupt nicht.

Irgendwann, früher oder später, würden sie auch gefährlich. Sie stürzen sich in die Politik, agitieren, bilden Verschwörungen – und wenn sie verhaftet werden, berufen sie sich auf ihre Lehrer und zitieren deren Aussprüche, die die Philosophen als die größten Aufwiegler ausweisen und somit in allerhöchste Gefahr bringen.

«Merke dir, Kleont: Die wichtigste Regel ist, nie etwas

schriftlich zu geben! Wenn du berühmt wirst, werden andere Leute deine Gedanken niederschreiben.»
Als wir uns an gedünsteten Paprikaschoten labten, die mit dem feinsten Fleisch von dreitägigen Lämmern gefüllt waren, fragte ich, wozu die ganze Maskerade mit der Höhle in den Bergen gut sein solle. Wäre es nicht einträglicher, das Unternehmen nach Athen, in ein schönes Haus mit Garten zu verlegen, damit es die Kunden näher hätten?
«Ist der Weg leicht, wird niemand kommen», sagte Monimaikos. «Und einem Philosophen, der normal wie andere Menschen lebt, wird man keinen Glauben schenken.
Eine philosophische Schule, eine Akademie in einem schönen Garten kannst du eröffnen, wenn du reich bist oder einen reichen Mäzen hast. Die Philosophen und diejenigen, die sich für solche halten, werden zu dir kommen, um zu diskutieren und gelehrte akademische Gespräche zu führen. Auch die Söhnchen der Reichen werden kommen – um dich zu beschimpfen, weil du dann ein Etablierter bist.
Es wird aber kein Ratsuchender, kein zahlender Kunde kommen. Die meisten Menschen sind davon überzeugt, daß Weisheit eine Art von Narretei ist und daß nur Sonderlinge weise sind. Glaub mir, mein Junge, von allen Wurzeln mag ich nur Meerrettich, und den auch nur, wenn er mit einem guten Braten gewürzt ist. Höhle und Wurzeln gehören aber zum Beruf. Du mußt deinen Gästen irgendwelche Entbehrungen anordnen, sie etwas zu essen zwingen, was nicht schmecken darf – sonst werden sie die Heilsamkeit deines Rates an-

zweifeln. Verschreib den Reichen nur ruhig die Grünzeug-Diät, schaden kann sie ihnen nicht; abgesehen davon, daß sie sich sowieso weiter mit Nüssen in Honig und feinen Rosinen vollstopfen werden, nur heimlich. Übrigens, Höhle und Wurzeln machen die Besucher freigebiger. Und sie sind ein hervorragender Schutz vor Steuereinziehern und Räubern.»

«Aber wie war es mit Sokrates?» fragte ich. «Er lebte doch tatsächlich in Armut – um frei zu bleiben. Ich hörte mal eine Geschichte darüber: Der Parasit eines Tyrannen sah Sokrates Wurzeln essen und sagte ihm, daß er sich nicht so elend ernähren müßte, wenn er willig wäre, seinem Herrn zu dienen. Worauf Sokrates antwortete: ‹Würdest du dich mit Wurzeln begnügen, müßtest du nicht deinem Herrn dienen.› Ist diese Geschichte nicht wahr?»

«Du mußt den philosophischen Kern der Sache sehen. Frage dich: Ist denn ein hungernder Mensch frei?

Die Geschichte, die du erzähltest, passierte übrigens nicht Sokrates, sondern mir. Ich gab diese Antwort dem Gesandten eines Despoten aus dem Orient, um ihn loszuwerden. Ich hatte keine Lust, einen Posten bei Hofe anzunehmen, das ist eine zu unsichere Existenz.

Mein Vater war Hofphilosoph. Oder Hofnarr, wenn du willst, es ist dasselbe. Er war dafür engagiert, dem Herrscher die Wahrheit zu sagen. Einmal hat er es auch getan. – Nur einmal, denn er wurde dafür sofort hingerichtet.

Du sagtest: Sokrates. Ich weiß, daß man von mir erzählt, ich sei Sokrates. Ich lasse diesen Unsinn weiter verbreiten, es ist eine gute Werbung.

Ich kannte Sokrates. Wie du vielleicht weißt, hat er kein einziges geschriebenes Wort hinterlassen, was man als Beweis dafür ansehen könnte, daß er ein echter Philosoph war. Wie gesagt, ich kannte ihn: Er war nur ein armer Narr. Sokrates war unerschütterlich von seiner Weisheit überzeugt. Allein das zeigt, welch ein Narr er war. Er schlenderte durch die Märkte Athens und predigte ‹Philosophie› – den Fisch- und Gemüsehändlern, den Eseltreibern und Wasserverkäufern. Wenn die Leute Zeit hatten, hörten sie ihm zu und stellten Fragen. Sie machten sich über ihn lustig. Dankbar für den Spaß, den sie mit ihm hatten, schenkten sie Sokrates etwas zum Essen. Nur einige Jünglinge aus vornehmen Familien liefen ihm nach als ihrem geistigen Führer – die glauben ja jedem predigenden Toren.

Die Gedanken, die Sokrates mit solcher Wichtigtuerei verkündete, stammten von anderen Menschen; sie hingen damals in der Luft. Es ging um die Tugend und Verantwortung des einzelnen. Man redete darüber, weil die Menschen es satt hatten, sich von dem allmächtigen Staat bevormunden zu lassen.

Als die Behörden sahen, daß die Verbreitung dieser Gedanken für sie gefährlich werden konnte, machten sie Sokrates den Prozeß. Sie wollten ein Exempel statuieren, mochten dabei aber nicht einen nützlichen Bürger opfern. Deshalb stellten sie diesen armen Stadttrottel vors Gericht. Sokrates war auf den Prozeß und auf das Urteil so stolz – endlich hatte man ihn ernst genommen –, daß er es ablehnte, aus dem Gefängnis zu fliehen. Er ging in den Tod.

Zum Philosophen haben ihn nachträglich zwei gescheite Typen gemacht: ein gewisser Xenophon und ein gewisser Platon. Die beiden hatten auch gute Gründe dafür. Sie brauchten nämlich einen Lehrer, auf den sie sich berufen konnten. Ihr eigentlicher Lehrer Kriton war aus politischen Gründen aus Athen verbannt worden, und sein Name durfte nicht mehr erwähnt werden.

Außerdem brauchten sie jemanden – einen Namen, eine Autorität –, dem sie in ihren Schriften die Gedanken in den Mund legen konnten, die sie im eigenen Namen nicht auszusprechen wagten.

Wir leben in gefährlichen Zeiten, mein Lieber, die Staatsoberen in allen griechischen Städten verfolgen alles, was geschrieben wird. Noch schärfer verfolgen sie die Urheber von Gedanken, die ihnen nicht passen. Deshalb verschaffen sich kluge Autoren eine Autorität, einen Geist mit klangvollem Namen, dem sie alle gefährlichen Thesen zuschreiben können. Einem Toten kann ja nichts mehr passieren. Xenophon und Platon machten es noch raffinierter – sie erschufen gemeinsam den Sokrates, somit bezeugt jeder von ihnen die Aussage des anderen.»

«Ich glaube dir, mein Meister, du kanntest den Mann ja», sagte ich. «Für die Nachwelt wird Sokrates aber als großer Philosoph gelten.»

«Na und? Sokrates ist tot. Zu Lebzeiten konnte er sich für seinen Nachruhm nicht einmal eine Portion Pansen auf dem Markt kaufen.»

«Du hast recht, weiser Monimaikos. Mir ist ein gutes Mahl lieber als zehntausend Jahre des Ruhmes nach dem Tode.»

Der Meister lachte. «Jetzt redest du wie ein wahrer Philosoph, mein Klĕont. Für deinen Ruhm sollen deine Nachfolger sorgen. Wenn du mal einen geschickten Schüler findest, kannst du noch berühmter werden als Sokrates.»

So bin ich, Klĕont aus Abdera, zum Philosophen geworden. Es geht mir gut. Ein wenig neugierig bin ich schon, ob jemand nach meinem Tode meinen Ruhm verbreiten wird. Dergleichen hat jedoch noch nie jemand erfahren. Auch diese Tatsache muß man philosophisch sehen.

Glück bei schönen Frauen

Über die Begriffe «Glück» und «schöne Frauen» zu philosophieren, hat keinen Sinn. Jedermann versteht, was gemeint ist, auch wenn jeder Mann es anders versteht. Es gibt grundsätzlich zwei Kategorien von Männern: Die einen finden die Frauen schön, bei denen sie Glück hatten, die anderen nur jene, bei denen sie kein Glück hatten. Die erste Gruppe hat es gut, der zweiten ist nicht zu helfen.

Tatsache ist, von allen philosophischen Betrachtungen abgesehen, daß sehr viele Männer kein Glück bei schönen Frauen haben.

Anders Roland – er hatte bei schönen Frauen immer Glück. Das war sein Pech.

Schon die erste Frau seines Lebens, seine Mutter, war anerkannterweise die schönste Frau der Stadt. Das Pech war, daß sie für Rolands Vater viel zu schön war. Wäre er ein Schurke, ein Haustyrann oder zumindest ein Weiberheld gewesen, wäre Frau Renate wahrscheinlich bei ihrem Mann geblieben. Es gehört ja zum dramatischen Bild einer Stadtschönheit, zumindest ein wenig tyrannisiert und/oder betrogen zu werden. Rolands Vater August-Anton war jedoch ein ruhiger Mann, der fleißig und pflichtbewußt seinen Geschäften nachging. Seine treu geliebte Frau respektierte er und schonte sie sehr, ja allzu sehr.

Eine etwas weniger schöne Frau hätte so ein Leben sicher genossen und geschätzt. Frau Renate war jedoch außergewöhnlich schön. Das ruhige bürgerliche Dasein ohne Höhepunkte – an Höhepunkten mangelte es in ihrem Leben wahrhaft – empfand sie als Vergeudung ihrer Schönheit – zuerst unbewußt, dann bewußt.

Als Roland drei Jahre alt war, lief seine Mutter von zu Hause weg. Sie ging mit einem Handelsvertreter, der sie eigentlich gar nicht entführen, sondern nur verführen wollte – er wollte ihr einen teuren Rasenmäher verkaufen.

Da es für Frau Renate der erste Anfall von Leidenschaft in ihrem Leben war, war sie so benommen, daß sie ins neue Leben außer ihren innig geliebten Sohn und einem Satz Unterwäsche nichts mitnahm, selbst ihren Schmuck nicht.

Der früher erfolgreiche Handelsvertreter, der so unerwartet zum Familienvater wurde, wagte nicht mehr, seine erprobte Verkaufstaktik anzuwenden. Aus Angst, seine schöne Freundin zu verlieren, beschränkte er auch seine Geschäftsreisen auf ein Minimum. Er verdiente

immer weniger und fing an zu saufen. Diese romantische Haltung machte ihn für Frau Renate noch liebenswerter, besonders als er anfing, sie ab und zu zu schlagen.
Sie nahm eine Stellung als Verkäuferin in einer Parfümerie an. Ihr kleines Gehalt und die Unterhaltszahlungen, die Rolands Vater regelmäßig schickte, reichten den dreien für ein bescheidenes Leben.
Dadurch, daß seine schöne Mutter ihn so liebte, wuchs Roland in bescheidenen Verhältnissen auf. Wäre er beim Vater geblieben, hätte er im Wohlstand leben können. August-Anton war schon früher wohlhabend. Durch das Flair eines tragisch liebenden, verlassenen Mannes wurde er für Frauen besonders attraktiv und heiratete eine nicht außergewöhnlich schöne, aber sympathische junge Witwe. Dank seines Fleißes verwandelte er ihre kleine Fabrik in ein florierendes Unternehmen.
Roland erbte die Schönheit seiner Mutter nicht. Er war ein durchschnittlicher Junge, weder besonders sportlich, noch besonders begabt. Trotzdem machten ihm die beiden schönsten Mädchen der Klasse schöne Augen – aus unerklärlichen Gründen, einfach, weil er bei schönen Frauen Glück hatte. (Das heißt, warum Anja, die Zweitschönste, Roland ihre Gunst demonstrierte, war klar – um die Klassenkönigin Petra auszustechen.)
Außer stiller Genugtuung hatte Roland von seinem Glück nicht viel. Die beiden Schönheiten waren immer von einem ganzen Haufen Jungs umringt und streng bewacht. Als sich Roland einmal mit Anja im Park verabredete, lauerten ihm die zwei stärksten Jungs der Klasse auf und richteten ihn übel zu.

Sonst wurde er von allen Jungs und von den weniger schönen Mädchen geschnitten. Niemand ließ ihn abschreiben, außer Anja und Petra. Leider gehörten die Schönen nicht zu den besten Schülern.
Während der Lehre, und später als junger Computerprogrammierer, lebte Roland ziemlich einsam. Natürlich gab es in seiner Firma schöne Mädchen, die ihm vielsagende Blicke zuwarfen, gerne mit ihm plauderten, ihm Kaffee machten und beim Betriebsfest mit ihm tanzten, was Roland bei den Kollegen den Ruf eines Casanovas einbrachte, aber nicht mehr. Die schönen Mädchen waren alle in festen Händen und gut bewacht. Roland hätte sich herzlichst gerne mit einer weniger schönen Frau zufriedengegeben – eben solche unter seinen Arbeitskolleginnen hatte er sich während des Onanierens vorgestellt, nicht die Schönheiten –, diese schenkten ihm jedoch paradoxerweise keine Beachtung. Er hatte Glück bei den schönsten Frauen, und nur bei denen.
Die Dialektik des Lebens ist manchmal komisch: Viele Männer konzentrieren ihre Begierden auf weniger attraktive Frauen aus Berechnung. Sie glauben, daß diese leichter zugänglich sind. Roland aber nahm diese Einstellung aus romantischen Gründen ein, denn für ihn waren eben diese Frauen die unerreichbarsten! Auch Rolands Ausflüge in Discos und Bars blieben unergiebig, denn auch da lächelten ihn nur wunderschöne Frauen an, die wachsame Begleiter hatten.
Vielleicht hat es die Natur im Interesse des genetischen Ausgleichs so eingerichtet, daß sich die schönsten Frauen von bedeutungslosem männlichen Durchschnitt

angezogen fühlen, die weniger Schönen dagegen die attraktivsten Partner zu erobern suchen. Nun, es sind ja nicht die Männer, die die Wahl haben, auch wenn sie es glauben.
Einmal bewirkte Rolands Glück mehr als nur ein Lächeln. Er war damals zweiunddreißig. Bei der Rückkehr von einem einsamen Urlaub in Griechenland setzte sich im Flugzeug eine Frau zu ihm. Sascha war kein berühmtes, aber ein klassisch schönes Mannequin. Auch sie war allein im Urlaub, um sich von der eben überstandenen Scheidung zu erholen.
Der ruhige Nachbar, der nicht versucht hatte, mit ihr zu flirten, weckte ihr Interesse. Sie sprach ihn an, und sie ließ sich dann von ihm mit der Taxe nach Hause bringen. Daß er dabei nicht versucht hatte, gleich nach oben mitzukommen, wurde ihm hoch angerechnet.
Sascha hatte von zudringlichen Männern die Nase voll, also imponierte es ihr, als Roland auch bei späteren Treffen nicht versuchte, aufs Ganze zu gehen. Nicht, daß sie etwas dagegen gehabt hätte. Sie wertete es jedoch als Beweis dafür, daß Roland ihre Beziehung ernst nahm. Roland hat sich tatsächlich in Sascha verliebt, obwohl sie so schön war.
Roland und Sascha verlobten sich, der Hochzeitstermin wurde besprochen ... Da kreuzte ein junger, sportlicher Millionär aus Florida Saschas Weg. Er lud sie zu einer Feier auf seiner Yacht ein und schlief gleich am ersten Abend mit ihr. Am dritten Morgen schlug er ihr vor, seine Frau zu werden. Gegen soviel Lebensglück konnte Rolands Glück bei schönen Frauen nicht ankommen. Der junge Mann quälte sich eine Zeitlang und ver-

fluchte sein trügerisches Glück. Dann kam er aber zu dem Schluß, daß Glück allein noch nicht glücklich macht, man braucht dazu auch Geld. Woher soll aber so ein kleiner Angestellter viel Geld nehmen?

Eines Abends gewann Roland beim Zehntelpfennigskat mit Kollegen ganze vier Mark achtzehn. Einer der Spieler, der von Rolands Geschichte mit Sascha wußte und an diesem Abend zwei Mark vierundsechzig verloren hatte, meinte süffisant: «Pech in der Liebe, Glück im Spiel!»

Dieser Satz kam Roland wie eine Erleuchtung vor. Das war der Weg! Am nächsten Tag hob er von der Sparkasse sein ganzes Geld ab – zwölftausend Mark, denn er durfte sein Konto um fünftausend überziehen – und ging in die Spielbank.

Ein Kollege, der einmal einen Prospekt vom Casino mit ins Büro gebracht hatte – sie studierten ihn damals zu viert genau durch und diskutierten die Vorteile verschiedener Chancen, bis sie erkannten, daß alle Chancen gleich sind –, erzählte, daß sich die Croupiers immer bemühten, die Zahlen zu treffen, auf die großes Geld gesetzt wurde; dann bekommen sie nämlich große Trinkgelder.

Roland beschloß, sich an einen großen Spieler anzuhängen und ihm alles nachzumachen, natürlich mit kleinerem Einsatz. Er fand an einem Tisch einen Herrn um die Fünfzig, der mit Hundertern und Tausendern spielte. Roland fing an, ihn zu beobachten. Der Mann legte Chips für dreitausendsechshundert Mark auf den Tisch und sagte: «Zero-vier-vier – à maximum.» Der Croupier verteilte je vierhundert Mark auf die Null und

auf vier Zahlen links von ihr und auf vier Zahlen rechts. «Schlau», dachte Roland, «ein Sektor von neun Zahlen, das ist ein Viertel des Kreises. Das kann doch der Croupier treffen, wenn er will.»
Und tatsächlich, die Kugel landete in der Sechsundzwanzig, gleich neben der Zero. Der Spieler kassierte Vierzehntausend und gab vierhundert Mark für die Angestellten.
Roland setzte sich auf den freien Stuhl neben der eleganten Frau des Spielers. Als deren Mann wieder auf Zero-vier-vier setzte, meldete er dasselbe, allerdings nur à zwanzig Mark.
Es kam die Zwölf, und beide kassierten – der Herr vierzehntausend, Roland siebenhundert Mark. Mit der Geste eines Weltmannes warf er einen roten Zwanzig-Mark-Chip für den Tronc und spielte weiter Zero mit vier Nachbarn, wie der Große.
Die Kugel mied aber jetzt den Sektor um die Zero. Sie traf die Sieben und die Einundzwanzig, die gleich neben den von Roland gesetzten Zahlen lagen, dann lief sie ganz woanders hin ... Und jedes Mal verloren die beiden Verbündeten ihren Einsatz, der Große dreitausendsechshundert, der Kleine hundertachtzig Mark ...
Rolands schöne Nachbarin spielte fast nicht. Ab und zu setzte sie einen Hunderter auf Schwarz oder auf das mittlere Dutzend. Einmal setzte sie beides. Es kam die Siebzehn, sie gewann dreihundert Mark und freute sich, obwohl ihr Mann dabei dreitausendsechshundert verloren hatte.
Die rechte Hand der schönen Frau berührte ein paarmal Rolands linke, er war jedoch so vom Spiel absor-

biert, daß er es kaum merkte – genausowenig wie die Blicke, die ihm diese Dame zuwarf. Die Kugel traf jetzt alle möglichen Zahlen, nur die nicht, auf die die beiden setzten. Roland schwitzte, wagte jedoch nicht, auszusetzen oder anders zu setzen – dann konnte ja die Kugel zurückkommen, zumal der Große auch immer das gleiche spielte.
Als die Kugel Roland zum dreiundzwanzigsten Mal Verlust brachte, drückte ihm seine Nachbarin fest die Hand. «Kommen Sie», flüsterte sie, «kommen Sie von hier weg, sonst verlieren Sie Ihr ganzes Geld!»
Roland schaute die Schöne an und begriff, woher sein Pech kam. «Glück in der Liebe . . .»
«Kommen Sie mit mir», flüsterte die Frau. «Wir haben hier im Hotel ein Zimmer. Mein Mann wird jetzt hierbleiben bis zum letzten Spiel, bis drei Uhr morgens. Er hat Geld genug. Und er kann es nicht ertragen, mit Verlust wegzugehen.»
Sie schleppte ihn an der Hand vom Tisch weg, und Roland ging gehorsam mit. Der Ehemann drehte sich nicht einmal um.
Im Zimmer sagte sie: «Ich heiße Patricia. Wollen wir uns duzen? Wie heißt du?» Dann umarmte sie Roland und küßte ihn leidenschaftlich. Ohne den Kuß zu unterbrechen, zog sie ihm die Jacke aus, lockerte die Krawatte und knöpfte das Hemd auf.
Mit zwei Bewegungen warf Patricia ihr teures Abendkleid ab. Sie hatte einen wirklich schönen Körper. Patricia zog Roland auf sich und liebte ihn gierig – obwohl Roland oben lag, führte sie die Regie.
Nach etwa zwei Minuten – Roland war eben dabei, so

richtig in Fahrt zu kommen – bäumte sie sich auf, so daß sie seinen Körper in die Höhe trug, stöhnte, kreischte «du, du!» – und sackte plötzlich ab. Sie lag mit einem Mal ganz schlaff auf dem Rücken und fing an, leise und regelmäßig zu atmen. Roland kniete noch eine Weile und starrte auf die Frau...

Er versuchte sie aufzurütteln, sie schlief jedoch fest und reagierte überhaupt nicht.

Noch ganz benommen richtete sich Roland auf. Er stand wie eine Säule am Bett und versuchte zu begreifen, was ihm eben geschah. Dann schüttelte er mit dem Kopf, ging ins Badezimmer und nahm eine kalte Dusche. Als er schon angezogen war, entdeckte er auf dem Couchtisch eine Flasche Kognak und schenkte sich ein volles Glas ein. In diesem Moment ging die Tür auf. Es war Patricias Mann.

Roland erschrak, der Mann beruhigte ihn jedoch mit einer lässigen Handbewegung. «Schenken Sie mir auch einen Kognak ein, aber nicht so viel... Prost, junger Mann», setzte er fort und nahm einen kräftigen Schluck. «Schade, daß Sie weggegangen sind. Kaum waren Sie weg, kam Zero-vier-vier zwölfmal hintereinander. Die Fünfunddreißig ist im Doppelschlag gekommen, die Vier sogar dreimal nacheinander. Sie hätten gut gewonnen. Ich habe bei diesen Spielen über hundertzwanzigtausend Gewinn gemacht. Insgesamt bin ich heute über fünfzig Mille im Plus, da habe ich aufgehört.»

Roland starrte ihn stumpf an und sagte kein Wort.

«Na, kommen Sie mit in die Bar. Ich lade Sie zu einem Cocktail ein, die sind hier sehr gut. Meine Frau wird vor acht Uhr morgens nicht aufwachen.»

Wie ein Automat ging Roland hinter dem Mann in die Hotelbar.
«Der Cocktail ist wirklich sehr gut», sagte Roland. Die Bardame drehte sich um und lächelte ihm zu. Es war eine sehr schöne Frau. Roland verfiel in Panik. Er stellte das halbvolle Glas auf den Tresen, stammelte: «Ich muß schon gehen ...» und lief weg.
Er wußte nicht, wie er aus dem Hotel herauskam und ob er den richtigen Weg nach Hause nahm. Er hatte keinen einzigen Gedanken im Kopf. Es kreisten da nur einzelne Worte herum: «Glück»... «schöne Frauen ...»
Roland ging vor sich hin, sah nichts und hörte nichts. Erst als er schon unter dem Wagen lag, sah er eine Frau, die sich über ihn beugte und hörte dann, wie sie um Hilfe rief. Ob sie schön war, konnte er nicht erkennen.

Keine dritte Ehefrau

Die Wolken waren weiß und dicht wie Schlagsahne und so nah, als ob zwischen ihnen und Heinrich kein Fenster wäre. Irgendwo oben oder vorn lauerte ein feindliches Flugzeug. Dennoch steuerte sein Bruder Wolf die alte Fouga Magister ruhig und sicher.

Die Frau, zu der ihn sein Bruder brachte, konnte Heinrich kaum sehen, der Raum war halbdunkel. Sie war nicht groß, eher schmächtig, doch fühlte er, als er sie umarmte, daß sie stark war. Ihr Körper war angenehm warm, aber nicht hitzig. Es war eine ruhige Umarmung, als ob er seine kleine Tochter Sonja in den Armen hätte.

«Gut, daß du gekommen bist», sagte die Frau. Er wußte nicht, wie sie hieß, wahrscheinlich hatte Wolf vergessen, es ihm zu sagen. «Ich bin doch dein Mann, Liebling!» Heinrich lachte, es war ihm peinlich, daß er bei seiner eigenen Frau, die ihm sein Bruder – oder war es die Mutter? – ausgesucht hatte, sich zum unpersönlichen «Liebling» flüchten mußte, wie immer im Bett, wenn er sich momentan an den Namen seiner Partnerin nicht erinnern konnte.

Heinrich wachte auf. Der Wecker zeigte halb fünf, keine Zeit zum Aufstehen. Der blödsinnige Traum hatte ihn geweckt. Selbst im Schlaf war ihm seine plötzliche Ehefreundlichkeit komisch vorgekommen. Woher kamen nur solche Träume? Heinrich hatte nie einen Bruder, und seine ganze Erfahrung mit Flugzeugen beschränkte sich auf einige Reisen in großen Jets.

Heinrich hatte oft bildhafte Träume, manchmal waren

es ganze Geschichten. Sie waren aber immer in irgendeiner Art mit seiner Arbeit verbunden, mit dem Drehbuch, an dem er eben schrieb.
Damals, vor sechs Jahren, als Annette mit einem jungen Italiener wegzog, hatte er fast jede Nacht Verfolgungsträume gehabt: Entweder war er in einen Schußwechsel mit Mafiosi verwickelt, bei dem seine Pistole regelmäßig versagte, oder er stand plötzlich nackt auf der Straße. Die einzigen Menschen, die ihm in diesen Träumen beistanden, waren Sonja, damals vierjährig, und sein Vater, damals schon seit fünfzehn Jahren tot. Die Alpträume verschwanden jedoch, als er das Kind zurückgewonnen hatte.
Wahrscheinlich war es das Gespräch mit seiner Mutter gewesen, das diesen Traum ausgelöst hatte. Heinrich hatte sie in ihrem Häuschen in Ingelheim besucht, als er in Mainz beim Fernsehen war. Das Gespräch war nicht besonders aufregend gewesen, es verlief genauso wie immer. Mama hatte schweigend zugehört, als er von Sonjas neuesten Schulerfolgen erzählte – sie sei in Deutsch und Englisch die Beste in der fünften Klasse – und wie gut und gerne sie das Abendbrot vorbereite und am Wochenende das Frühstück... Und dann hatte sie, wie immer, gesagt: «Wenn du eine gute Frau finden könntest... Das Kind braucht doch eine Mutter...»
Heinrich hatte ohne besondere Begeisterung seine Argumente wiederholt, die beide schon auswendig kannten: Ihre Mutter könne er der Kleinen nicht zurückgeben; eine andere Frau sei nicht die Mutter. Sonja würde eine fremde Frau im Hause wahrscheinlich gar nicht akzeptieren.

«Du weißt doch, Mama, was vor vier Jahren war, als Ilse versuchte, für sie zu sorgen: Das Kind war eifersüchtig und trotzig und sagte schließlich zu Ilse: ‹Du hast mir nichts zu befehlen, du bist nicht meine Mutter.› Das Kind ist gesund, fröhlich, ausgeglichen, hat viele Freundinnen, guten Kontakt zu den Nachbarn und zu den vielen Menschen, die mich besuchen, ob Frauen oder Männer. Selbst die Erzieherin im Tagesheim sagte neulich, man sehe, daß es dem Mädchen an Liebe nicht fehle, und die hat ja Erfahrung mit liebebedürftigen Kindern... Und mit mir, Mama, würde es eine Frau auch nicht leicht haben, ich bin mit meiner Tochter und mit meiner Arbeit verheiratet, für eine dritte Ehefrau gibt es keinen Platz mehr... Mit achtundvierzig hat man so seine Gewohnheiten...»
Wie immer hatte die Mutter zustimmend genickt und dann gesagt: «Na ja, ich weiß... Aber wenn du eine gute Frau finden könntest, nicht so ein Luder...» Seit Annette weg war, hatte seine Mutter ihren Namen nie mehr ausgesprochen.
Heinrich hatte nicht geantwortet. Er hatte keine Lust, wieder einmal über seine ehemalige Frau zu diskutieren. Annette war eine normale, gute Frau, nur die Ehe war ein Mißverständnis von beiden Seiten, wie die meisten Ehen. Es war die sogenannte große Liebe – hätten sie nicht geheiratet, würden sie sich wahrscheinlich noch heute lieben.
Es hatte jedoch keinen Sinn, mit der Mutter darüber zu reden. In ihrem Leben gab es nur einen Mann. Monogamie war für sie etwas so Selbstverständliches wie die Luft. Er hatte das Gespräch mit seinem obligatorischen

Witz beendet: «Meine Tochter reicht mir als Ehefrau absolut aus: Sie liebt mich, sie beschränkt meine Freiheit, versucht, mich herumzukommandieren, kontrolliert mich, belehrt mich, wie ich mich benehmen soll, ist eifersüchtig, widerspricht bei jeder Gelegenheit, zankt mit mir... Und für das einzige, was noch fehlt, habe ich Freundinnen genug.»
Soviel Freiheit, daß er ihr so etwas sagen dürfte, gestand ihm seine Mutter zu, denn ein Mann ohne Ehefrau und noch mit einem Kind dazu ist ja nicht normal, man muß ihn mit Nachsicht behandeln.
Komisch, daß das Gespräch mit der Mutter diesmal auf seine Träume Einfluß hatte. Es war eigentlich vom Traumgott gemein, Heinrich im Schlaf auf Mutters Standpunkt zu bringen, als er sich nicht wehren konnte.
Heinrich zündete sich eine Zigarette an. In ein paar Minuten würde der Wecker klingeln. Christiane mußte den ersten Morgenzug nach Travemünde erwischen, ihr Mann würde sie am Bahnhof erwarten.
Heinrich wollte auch vor sechs zu Hause sein, bevor Sonja aufwachte. Wenn sie nicht zur Schule mußte, stand sie besonders früh auf. Und sollte Papi nicht zu Hause sein, würde sie weinen. Sie würde am Fenster auf ihn warten und dann sagen: «Ich hatte solche Angst, daß dir was passiert ist» – obwohl sie von seinem Ausgang wußte und ihn genehmigt hatte.
Er schaute sich die schlafende Christiane an. War sie es vielleicht – die Frau aus dem Traum? Heinrich fühlte sich bei ihr besonders geborgen. Nicht nur, weil er dort nicht dauernd aufhorchen mußte, um eventuell Sonjas

leichte Schritte in der Diele rechtzeitig aufzufangen. Wenn sie einen weiblichen Besuch in der Wohnung wußte, wachte Sonja fast immer in der Nacht auf.
Christiane war intelligent, ihre Mütterlichkeit war diskret-verständnisvoll, sie drängte sich nicht auf, ihn zu bemuttern. Sie war gut verheiratet, hatte keine Absicht, ihren Mann zu verlassen. Und auch keine anderen Probleme, über die sie im Bett reden mochte. Mit ihrem Robert verstand sie sich recht gut, auch im Bett, und sie respektierten sich. Nur langweilten sie sich nach zwanzig Jahren Ehe ein wenig miteinander. Seit ihre beiden Töchter in München auf der Uni waren, ließen sie sich gegenseitig viel Freiheit.
Eine fabelhafte Freundin, diese Christiane. Man mußte ihr nichts vorlügen, nichts vorspielen, man traf sich, wenn beide Lust und Zeit hatten. Und wenn man zusammen war, war man nur für sich. Es gab keine Konflikte auszuräumen, keine Wehwehchen zu heilen. In den Pausen unterhielt man sich über ihre oder seine Arbeit. Christiane war Chemikerin. Aber, was Heinrich besonders schätzte, sie versuchte nie, mit ihm die übliche Konversation über Kunst und Literatur zu führen. Heinrichs Name erschien verhältnismäßig oft auf dem Bildschirm. Er war zwar kein Starautor, aber ein zuverlässiger Profi mit guten Kontakten. Deshalb suchten ihn immer wieder junge und weniger junge Damen auf, die glaubten, daß man mit einem Künstler vor dem Zubettgehen – oder sogar statt des Zubettgehens – «intelligent» diskutieren müsse. Über die neueste Theaterpremiere oder Kunstausstellung (die er natürlich nicht gesehen hatte, weil ihm die Zeit dafür fehlte), über

Kleinschreibung oder über Hermann Hesse, über die antiautoritäre Erziehung oder über Marxismus und Christentum.
Heinrich drehte sich bei diesem halb- bis viertelintellektuellen Blabla der Magen um. Er wußte im voraus, was die Kulturdame sagen würde, er hatte ja auch «Die Zeit» und den «Spiegel» gelesen. Um die Komplexe zu verdrängen, daß da wieder eine mit dem Autor Heinrich und nicht mit dem Mann Heinrich schlafen wollte, dachte er lieber an die Stelle im Drehbuch, die er noch ändern mußte, und bangte nach seinem Schreibtisch. Bei Christiane war ihm das noch nie passiert.
Sollte denn sein Traum bedeuten, daß er sich unbewußt danach sehnte, eine Frau wie Christiane fest an sich zu binden? Oder war es wieder einmal jene Müdigkeit, die einen dazu brachte, alle festen Überzeugungen und Prinzipien aufzugeben, wie damals vor dreizehn Jahren, als er Annette heiratete? Damals war allerdings das Experiment Ehe für ihn noch neu, und er hatte auch keine Tochter.
Heinrich mußte bei der Vorstellung lachen, was wohl Christiane sagen würde, wenn er ihr vorschlüge, sie solle sich von Robert trennen und zu ihm ziehen. «Dir fehlt wohl was?» würde sie sagen und auflachen. Bestünde er auf seinem Vorschlag, würde sie bestimmt Schluß machen. Sie mochte Komplikationen ebensowenig wie er. Ähnlich würden die meisten seiner Freundinnen reagieren, verheiratete, geschiedene und ledige – Witwen kannte er nicht. Nur Susanne durfte er keinen Antrag machen, die würde ihn sofort beim Wort nehmen. Seit zwei Jahren beteuerte sie, sie sei nur für freie,

gleichberechtigte und unverbindliche sexuelle Beziehungen. Sie redete über Sex viel und sehr fachmännisch, sie war auf diesem speziellen Gebiet theoretisch sehr gebildet.

Susanne war Diplompsychologin, zweiunddreißig, ledig, hübsch, schrieb für den Frauenfunk und für Emanzenzeitschriften, trug nur Hosen und verteidigte ihre Rolle einer emanzipierten Frau mit allen Mitteln: Sie predigte gegen die Männerherrschaft und gegen die Ehe als legalisierte Prostitution. Aus früheren Zeiten kannte sie mindestens sieben Mao-Sprüche auswendig. Auf ihrem Nachttisch lag neulich schon der zweite Band des «Kapital» (sie ist aber nie über die dreiundzwanzigste Seite des ersten Bandes hinausgekommen). Ab und zu rauchte sie demonstrativ Hasch, das ihr gar nicht schmeckte. Sie versuchte, in ihren Alt Baßtöne hineinzulegen.

Heimlich hatte sie jedoch die Hoffnung noch nicht auf-

gegeben, Heinrich zum Standesamt zu führen, möglicherweise sogar zum Pfarrer.
Im gegebenen Fall würde sie gern darauf verzichten, «ihre Meinung durch die Massenmedien zu verbreiten, um das Bewußtsein der Menschen zu wecken» (daß sie dabei Geld verdient, ist ja nebensächlich), würde sich dem Kinderkriegen und dem Kochen widmen. (Sie kocht zwar nach verrückten exotischen Rezepten, aber gar nicht übel, schämt sich dessen jedoch und bewirtet Gäste meist mit Käsebrot.)
Susanne könnte eine vorbildliche Ehefrau werden, wenn jemand eine nach altem Muster möchte. Ihre Tragödie war, daß sich solche Kandidaten durch ihr kämpferisches Gerede abschrecken ließen. Die Gegner der traditionellen Ehe dagegen durchschauten sie leicht. Nein, Susanne war sicher nicht die Frau aus seinem Traum. Sie zu heiraten, würde ihm nicht einmal im Traum einfallen. Der Wecker weckte Christiane. «Du bist schon wach?» fragte sie verwundert.
«Mhmm... Ich habe geträumt, daß ich geheiratet hätte... dich.»
«Konntest ruhig weiterschlafen. Ich würde dich nie heiraten. Ich wäre zu faul, mir einen neuen Freund zu suchen. Übrigens, ich habe dir gestern gesagt, du sollst abends keine Bohnen essen! Und jetzt müssen wir uns beeilen, sonst wartet deine kleine Ehefrau Sonja mit dem Besen in der Hand auf dich.»

Seele Michael

«Sie geben also zu, Angeklagter», fragte einer der Beisitzer streng, «daß Sie damals Ihre Cousine verführt haben?»
«Ja», antwortete Seele Michael, «ich habe sie verführt.»
Der Verteidiger mischte sich ein: «Bedenken Sie, daß Sie damals vierzehn waren und die Frau sechsundzwanzig.»
«Ich war eben schon in diesem Alter ein Draufgänger», meinte Seele Michael nicht ohne Stolz, «und sie war eine stille, bescheidene Kriegswitwe mit Kind ...»
«Ich möchte die Seele Klara in den Zeugenstand rufen», wandte sich der Verteidiger an das Gericht, und der Vorsitzende beauftragte den Gerichtsdiener, die Zeugin zu holen.

Seele Michael, Tagessterbenummer 327, schaute sich sein Spiegelbild in der bronzenen Tafel mit den Zehn Geboten an und war zufrieden: Seine – wohl doch immaterielle – Hülle sah aus wie weiland Michael in seinen besten Mannesjahren, obwohl er doch im Alter von zweiundsiebzig starb.

Das Prinzip des maximal vorteilhaften Aussehens, wie auch des Weglassens des Familiennamens und der Nationalität, gehörte zu den Regeln des Himmlischen Qualifikationsgerichts, die allen Seelen gleiche Behandlung garantieren sollten. Die Seelen-Richter sind immerhin ehemalige Menschen.

Der ersten Anhörung des Angeklagten war eine lange Diskussion zwischen Ankläger und Verteidiger vorangegangen. Der Teufel Ankläger, der in seiner schwarzen, rotgesäumten Robe und einem ebensolchen Barett sehr elegant aussah, stellte gleich zu Beginn einen Antrag auf ein Schnellverfahren.

«Der verstorbene Michael», sagte er, «war in seinem Leben ein Weiberheld, Verführer, Ehebrecher und Wüstling. Die Anklage stellte dem Gericht sein Sündenregister zur Verfügung. Es umfaßt sechshundertachtzehn Namen von Frauen, mit denen der Verstorbene Geschlechtsverkehr hatte, und mehr als neunzehntausend Tat-Termine.

Typisch für die Unverbesserlichkeit des Angeklagten ist, daß er achtundfünfzig Jahre lang in Sünde verharrte. Sein erster Verkehr fand an seinem vierzehnten Geburtstag statt und der letzte endete heute morgen im Augenblick des Todes.

Der Tatbestand ist so klar, daß man Seele Michael ohne

weitere Beweisführung zur ewigen Hölle verurteilen kann.»

Seele Michael sah die Unwiderlegbarkeit der Anklage ein. Er schaute sich die Tür zum Paradies, die sich links von dem Richtertisch befand, ohne besonderes Interesse an, in dem Bewußtsein, daß diese Tür einem Sünder, wie er einer war, für immer verschlossen bleiben werde. Auf dem etwas schmuddeligen weißen Lack stand da in altmodisch verzierten Buchstaben «Paradies – Lohn der Aufrechten». Darunter war ein Bild: Eine sehr grüne Palme und ein putziges rosa Engelchen, das Schalmei blies, offenbar von einem verdienten Devotionalienmaler gemalt.

Das tanzende Paar – ein Teufel im Frack und eine rothaarige Femme fatale – auf der glänzenden Mahagonitür rechts stammte zweifellos von einem erstklassigen expressionistischen Künstler. Die modern schlanke Inschrift lautete: «Leben = Hölle. Hölle = Leben.»

Die Perspektive, für ewig hinter dieser Tür zu verschwinden, jagte Seele Michael keinen Schrecken ein. Er hatte schon in diesen wenigen Stunden im Jenseits festgestellt, daß er von der Erde die Fähigkeit zu vielen emotionalen Regungen mitgebracht hatte, jedoch keine Angst empfinden konnte. Angst war ein rein irdisches Gefühl, sie hörte mit dem Tod auf.

Der Engel Verteidiger war jedoch nicht bereit, so leicht aufzugeben. Er trat vor – in seinem langen, schneeweißen Gewand die Würde in Person – und bat den Vorsitzenden (er hatte Michael schon vorher verraten, daß dies die Seele des gerechten Königs Salomo war), den Antrag der Anklage abzulehnen.

«Wir haben nicht vor», sagte er, «die Zahlenangaben der höllischen Registratur zu bestreiten. Die Verteidigung kann jedoch beweisen, daß Seele Michael kein Ehebrecher, kein Verführer im negativen Sinne dieses Begriffs und kein Wüstling war. Die Bezeichnung ‹Weiberheld› ist juristisch irrelevant, und die Zahl der menschlichen Kontakte zum anderen Geschlecht ist an sich noch kein Grund zur Verurteilung. Das ist dem Hohen Gericht bestens bekannt...»
Der Engel blickte dem Vorsitzenden in die Augen, und die Seele des Königs Salomo, der im Leben einen Harem mit tausend Frauen hatte, nickte zustimmend. Der Antrag der Anklage wurde abgelehnt, und der Vorsitzende fragte den Vertreter der Strafenden Gerechtigkeit, ob er seine Anschuldigungen noch ergänzen oder begründen wolle.
«Nur noch eine Bemerkung, ordnungshalber: Das Sündenregister aus den ersten fünfzig Lebensjahren des Angeklagten ist wahrscheinlich unvollständig, weil wir damals noch keine EDV in der Hölle hatten, und die Kartei wurde von einem Teufel achtzehnten Ranges geführt, der im Leben Leiter eines statistischen Amtes war. Sonst bin ich auf die Argumente des erhabenen Vertreters der Mildtätigen Gerechtigkeit gespannt und behalte mir vor, zu seinen einzelnen Ausführungen Stellung zu nehmen.»
Der Engel bekam das Wort und kündigte an, er beabsichtige, zuerst die schwerste Beschuldigung zu entkräften, die des Ehebruchs.
«Wie dem Hohen Gericht bekannt ist, war Michael nie verheiratet, kann also einen Ehevertrag nicht gebrochen

haben. Und es ist ja der Vertragsbruch, der dem Allmächtigen, dem Herrn des Bundes, ein Ekel ist – denn der Herr hält seit Jahrtausenden ehern seinen Vertrag mit dem Volke Israel ...»

Bei diesen Worten hüstelte der Ankläger demonstrativ und wurde von dem Vorsitzenden zur Ordnung gerufen.

«Mich wunderte nur die einseitige Auslegung des Ehebruches, Hohes Gericht», rechtfertigte sich der Teufel scheinheilig, als ob er gar nicht die Vertragstreue Gottes zu verhöhnen versucht hätte. «Meinem erhabenen Gegner konnte doch nicht verborgen bleiben, daß die Opfer des Angeklagten zu achtundsechzig Komma dreiundneunzig Prozent verheiratete Frauen waren ...»

Auf Einspruch des Verteidigers ließ Seele Salomo den wertenden Ausdruck «Opfer» aus dem Protokoll streichen und durch «Kontrahentinnen» ersetzen, dann konnte der Engel fortfahren: «Die einzig verbindliche Rechtsnorm ist das Gebot des Herrn, und das lautet nicht, ‹Du sollst nicht verheiratete Frauen lieben›, sondern ‹Du sollst nicht ehebrechen›.

Wir können anhand von unzähligen Beispielen beweisen – ich nenne stellvertretend die Fälle 183, 263 und 412 –, daß die Liebesverhältnisse Michaels die Ehen der beteiligten Frauen nicht gebrochen, sondern gefestigt haben.

Es waren Ehen, die menschlich noch weitgehend intakt, aber durch sexuelle Langeweile und Unzufriedenheit der Frauen bedroht waren. Indem Michael den Frauen Befriedigung, gute Laune und Selbstbewußtsein gab, beseitigte er diese Bedrohung. Die Bündnisse und die Ehemänner profitierten davon.

Michaels Aktivitäten waren ausgesprochen eheerhaltend, zumal er keinen Anspruch auf Ausschließlichkeit stellte und nie versuchte, die Frauen ihren Männern zu entfremden oder gar zu entwenden. Im Gegenteil, wann immer er merkte, daß eine seiner Geliebten auf die Idee kam, ihren Mann zu verlassen, um sich ihm, Michael, zuzuwenden, zog er sich schleunigst zurück ...»
«Mein paradiesischer Vetter spricht vom Selbstbewußtsein, das der Verstorbene den Frauen schenkte ... Mit diesem Selbstbewußtsein ausgestattet, verließen mehrere ... mhm ... Partnerinnen von Michael ihre Ehemänner.» Der Teufel blätterte in seiner Kopie des Sündenregisters. «Zum Beispiel die Fälle 112 und 113, 217, 298 und so weiter. Ist dies nach Meinung der Verteidigung auch kein Ehebruch?»
«Selbstverständlich ist es keiner. Diese Ehen waren schon gebrochen, bevor die Frauen Michael kennengelernt hatten. Es kann nicht kaputtgemacht werden, was bereits kaputt ist.
Wie der Ankläger schon scharfsinnig bemerkte, gab Michael den Frauen Selbstbewußtsein, er machte ihnen Mut, den Stand der Dinge zu akzeptieren und die tote Beziehung zu begraben. Damit wurden schlimme Delikte verhindert wie Menschenquälerei, inklusive Kinderquälerei, manchmal sogar Mord oder Totschlag. Eine lebendige Ehe kann nur von den Ehepartnern zerstört werden, niemals von einer dritten Person! Das müßte der Vertreter der Hölle wissen, denn seine Institution bemüht sich seit Jahrtausenden darum und bleibt trotz aller teuflischen Tricks erfolglos. Es gilt auch umgekehrt: Ein Dritter kann eine tote Ehe nicht heilen.

Auch dies ist für meinen Gegner nichts Neues, denn Seine Gemeinheit, der Satan, ordnet totgeborene Ehen als Strafe an.»

«Der Vertreter der Mildtätigen Gerechtigkeit hat offenbar die Verhältnisse in unserem Teil der Gerechten Welt genau studiert, was ihn vielleicht daran gehindert hat, die Bibel gründlich zu lesen. Da steht es: ‹Laß dich nicht gelüsten deines Nächsten Weib›! Sogar zweimal – im Zweiten und im Fünften Buch Moses.»

«Unvollständig und aus dem Kontext gelöst zu zitieren, ist des Teufels, also kann mich diese Praxis bei Ihnen nicht wundern», erwiderte der Engel. «Diese Worte gehören ja nicht zum Gebot ‹Du sollst nicht ehebrechen›, und sie haben eine Fortsetzung: ‹Du sollst nicht begehren deines Nächsten Haus, Acker, Knecht, Magd, Ochsen, Esel noch alles, was sein ist.› Dies ist unzweideutig eine vermögensrechtliche Norm und kann in bezug auf Frauen nur da verwendet werden, wo die Frau Eigentum des Mannes ist. Außerdem ist das Himmlische Gericht eine moralische Instanz und beschäftigt sich nicht mit Eigentumsdelikten.»

Der Teufel ging in die Luft. Buchstäblich. Er fing sich jedoch schnell und fragte im äußerst höflichen Ton: «Hat mein gelehrter Prozeßgegner die Bestimmung vergessen: ‹Wer bei eines anderen Frau liegt, ist des Todes›?»

«Selbst die Menschen haben diese Strafe für außerehelichen Verkehr in den meisten Ländern aufgegeben», erklärte der Verteidiger mit Engelsgeduld. «Sollten wir hier, in der Gerechten Welt, grausamer sein? Außerdem ist dies eine rein irdische Strafe. Der Körper der Seele

Michael ist des Todes – die unsterbliche Seele kann nicht mehr getötet werden.»

«Aber es ist doch klar, daß ‹Tod› hier auch die ewige Verdammnis bedeutet ...»

«Ewige Verdammnis, das ist die Hölle, und die kann nicht mit dem Wort ‹Tod› umschrieben werden. Ich lese hier» – der Engel zeigte auf die höllische Tür: «‹Hölle = Leben›, was sogar ausnahmsweise nicht gelogen ist, denn die Hölle ist ein Abbild irdischer Verhältnisse, nur bis zur äußersten Konsequenz weitergeführt ...»

«Hohes Gericht, ich bitte um Entschuldigung, daß ich vorhin die Fassung verloren habe. Ich bin ja schließlich kein Engel, sondern ein einfacher Ankläger sechsten Ranges, den man zu diesem Prozeß delegierte, weil man den Fall als Bagatellsache ansah. Diese Art der Argumentation von seiten des Himmels ist für uns ganz neu. Ich weiß nicht, hochverehrter reiner Vetter», wandte er sich an den Verteidiger, «seit wann Sie in der Besseren Welt sind, aber bei Ihrem eigenen Qualifizierungsprozeß haben die Vertreter der Anklage offensichtlich geschlampt. Mit Ihrer Qualifikation hätten Sie bei uns einen sehr hohen Posten bekleiden können.»

Der Engel sagte mit einem nachsichtigen Lächeln: «Die Zeiten ändern sich auch bei uns im Himmel.»

Der Gerichtsdiener meldete, daß Seele Klara für die Aussage bereitstehe. Der Verteidiger bat die Zeugin in der Gestalt zu erscheinen, die sie vor dem Beginn ihres Verhältnisses mit dem Angeklagten hatte. Es kam eine unscheinbare junge Frau, Grau in Grau, mit einer strengen Gretchenfrisur.

«Das war im Jahre des Herrn 1920», erzählte sie dem

Gericht. «Ich habe mit siebzehn geheiratet, und mein Mann fiel in Rußland, ein halbes Jahr nach der Hochzeit, noch bevor meine Tochter geboren wurde. Ich hatte neun Jahre keinen Mann. Männer gab es nach dem Krieg wenig, und ich war nicht schön. Mein Cousin Michael war zwar erst vierzehn, aber stattlich und voll entwickelt ...»

«Und er hat Sie am Abend seines Geburtstags verführt?» fragte der Höllenanwalt. «Sie hatten vorher drei Glas Wein getrunken, an den Sie nicht gewöhnt waren, und er nutzte es aus. War es so?»

Die Zeugin lächelte, und ihr Gesicht wurde fast schön. «Michael glaubte es, und ich habe ihn dabei gelassen, um seinen jungen Stolz nicht zu verletzen. An jenem Abend habe ich absichtlich so lange mit dem Abräumen getrödelt, bis wir allein waren. Und ich hatte ihn schon seit Wochen gelockt – mal ein Bein gezeigt, mal mich so gebückt, daß er meinen Busen sehen konnte ...»

«Hohes Gericht», meldete sich der Verteidiger, «ich möchte den Ankläger daran erinnern, daß es Eva war, die Adam verführte, vom Baum der Erkenntnis zu essen. Und was man darunter verstehen soll, sagt der biblische Vers: ‹Und Adam erkannte sein Weib Eva, und sie ward schwanger...› Es ist immer das Weib, das den Mann lockt, wenn auch manchmal unbewußt.

Als böser Verführer im Sinne des Gesetzes kann nur der Mann gelten, der eine Frau unter Vortäuschung falscher Tatsachen oder durch falsche Versprechungen für sich gewinnt. – War das bei Euch der Fall, Zeugin?» fragte der Engel.

«Er konnte mich doch gar nicht täuschen – wir kannten

uns so gut! Wir haben uns wirklich geliebt. Mehr als zwei Jahre lang waren wir fast jeden Tag zusammen. Das hat mir sehr viel gegeben. Als Michael dann in die Großstadt ging, war ich traurig. Aber ich habe nach kurzer Zeit meinen späteren Mann gefunden. Mit Michael sind wir zeitlebens gute Freunde geblieben.»

Während der Erzählung verwandelte sich Seele Klara in eine hübsche Frau mit Bubikopf, in einem geblümten, schicken Kleidchen, das ihre Figur betonte.

«Hohes Gericht», meldete sich der Teufel zu Wort, «ich bitte um Erlaubnis, dem Angeklagten eine Frage zu stellen.»

Der Vorsitzende nickte und winkte der Seele Klara zu, sie sei entlassen.

«Seele Michael, sind Sie das Verhältnis mit der Absicht eingegangen, Ihrer Cousine zu helfen? Erklären Sie das bitte dem Gericht.»

«Nein», sagte der Angeklagte, «ich dachte nicht daran. Ich begehrte Klara seit langem so, wie ein eben reif gewordener Junge begehren kann, und habe mich dann in sie verliebt.»

«Bitte», triumphierte der Teufel, «der Angeklagte gibt zu, daß er aus rein egoistischen Motiven handelte. Die positiven Folgen seines Handelns können nicht als sein Verdienst ausgelegt werden, weil er sie gar nicht beabsichtigte!»

«Einspruch, Hohes Gericht», protestierte der Verteidiger. «Menschen nach ihren Absichten zu beurteilen, ist wieder so eine höllische Erfindung. Dieses Prinzip gab den Tyrannen aller Zeiten die quasijuristische Handhabe, Menschen nach Belieben zu töten, auch solche, die nichts getan haben. Und niemand hat mehr Unheil in die Welt gebracht als Menschen mit den besten Absichten!»

Der Teufel wollte etwas einwenden, aber der Gerichtsvorsitzende hielt ihn davon ab.

«Das Gericht hat die Ausführungen beider Seiten zur Kenntnis genommen. Ich möchte die Anwälte fragen, ob sie noch weitere von den sechshundertachtzehn registrierten Fällen einzeln vorzuführen beabsichtigen. Wir haben zwar die Ewigkeit zur Verfügung, aber nicht für diesen einen Fall!»

«Es waren die glänzenden theoretischen Überlegungen des erhabenen Verteidigers, die uns so viel Zeit kosteten», warf der Teufel ein. «Allerdings habe ich ihnen mit Vergnügen zugehört.»

«Aber wir müssen noch die Behauptung der Anklage widerlegen, der Verstorbene sei ein Wüstling gewesen», meldete sich der Engel.

«Um diesen Vorwurf zu bekräftigen, bieten wir den ganz frischen Fall 618 an. Seele Agathe, heutige Tagessterbenummer 326, kann leicht als Zeugin berufen werden – ihr Prozeß vor dem Einzelrichter in der Kammer 24 dürfte schon beendet sein.»

«Stattgegeben. Gerichtsdiener, sorgen Sie dafür, daß sich die Zeugin zur Verfügung hält», sagte der Vorsitzende. Dann nickte er dem Teufel zu: «Bitte, fahren Sie fort.»

«Hohes Gericht! Wir sahen, daß der Angeklagte im zarten Alter von vierzehn mit einem höchst aktiven Sexualleben begann. Falls ihn dies allein noch nicht als Wüstling qualifiziert, muß doch die Tatsache, daß er diese Tätigkeit auch als Zweiundsiebzigjähriger betrieb, diese Qualifizierung eindeutig bestätigen. Seele Michael war ein triebhafter Mensch, ein Wüstling. Wenn ich mir ein irdisches Wortspiel erlauben darf – ein unverwüstlicher Wüstling!

Und wen hat er diesmal gewählt, um seinen Trieb zu befriedigen? Eine ältere, keineswegs schöne, trotz ihres Alters sexuell wenig erfahrene Frau. Er nutzte schamlos den Respekt aus, den sie vor ihm hatte – sie war ihm als seine Wirtschafterin treu ergeben. Sind das nicht die Merkmale eines Wüstlings?

Und diese Frau wurde zu seinem Opfer – ich hoffe, daß mein Vetter von der anderen Seite diesmal keinen Einspruch gegen diese Bezeichnung erheben wird angesichts der Tatsache, daß die Frau in Michaels Armen während des Aktes starb.»

«Das Alter spielt natürlich keine Rolle», sagte der Engel, und Seele Salomo nickte zustimmend. «Wüstlinge sind allein jene Egoisten, jene Vergewaltiger, denen die Gefühle der Frauen egal sind. Vielleicht kann es ein armer Teufel wirklich nicht verstehen, aber zwischen Agathe und Michael hat sich eine echte Zuneigung entwickelt. Seele Agathe hatte lange Jahre einer faden, gleichgültigen Ehe hinter sich, kannte Sex nur als Pflichtübung. Bei Michael fand sie Wärme, er war nett zu ihr – und sie war es, die sich nach sexueller Liebe sehnte, zum erstenmal im Leben. Sie war nicht schön, weil sie unglücklich war – keine Frau ist schön, wenn sie unglücklich ist. Michael fand Agathe mit der Zeit immer schöner. Wir dürfen nicht vergessen, daß sie einundzwanzig Jahre jünger war als er.

Der Ankläger verschwieg, wie schön sie im Moment des

Todes wurde, der zugleich der glücklichste Moment ihres Lebens war. Sie erlebte – mit einundfünfzig! – zum erstenmal die Erfüllung in der körperlichen Liebe! Ihr Herz hielt das nicht aus. Mein listiger Gegner versuchte Agathes Tod Michael anzulasten, obwohl er genau weiß, daß der Angeklagte diese Folge nicht voraussehen konnte. Michael erlitt selbst einen Schocktod, als er seine Geliebte tot sah.
Daß Michael nicht die Absicht hatte, Agathes Tod herbeizuführen, ist uns allen klar – aber ich habe nicht die Absicht, den Teufel mit seiner eigenen Theorie zu schlagen, das sind nicht unsere Methoden ...»
Seele Michael wurde freigesprochen. Der Engel gratulierte ihm und teilte mit, für ihn sei schon ein Plätzchen in der 813. Abteilung des Paradieses reserviert.
«Nichts für ungut, liebe Seele», sagte der Teufel. «Ich konnte nicht viel für Sie tun – das Urteil wurde im Himmel vorgefaßt. Ich habe es mir schon gedacht, als ich sah, daß der alte Polygamist Salomo den Vorsitz hat. Also viel Spaß im Paradies, lieber Neuengel.
Sie wissen ja – sobald Sie hinter die Tür mit der Palme kommen, sind Sie geschlechtslos.»

Ein Leben für die Gesundheit

Wenn die Menschheit irgendwann zum natürlichen Leben oder zumindest zur ökologisch-biologisch-dynamischen Naturkost zurückkehrt, wird man Alois Potz-Mijonas ein Denkmal setzen. Das heißt, kein richtiges Denkmal natürlich, denn so ein Ungetüm aus Metall – und selbst aus Stein – wäre unnatürlich und ein Eingriff in die Ökowelt. Man wird wohl eine Eiche auf den Namen «Der große Alois» taufen, und die Naturmenschen werden zu ihr pilgern, um ihren Helden zu feiern.

Bis zu seinem sechsundzwanzigsten Lebensjahr war Alois ein ganz gewöhnlicher junger Mann, etwas schüchtern und nicht besonders sportlich, aber sonst ganz fröhlich. Sein Gesundheits- und Naturbewußtsein war total unterentwickelt: Er aß sogar Kalbfleisch, ohne nach einer Laborexpertise zu fragen, und küßte Mädchen, ohne an Bakterienaustausch zu denken.

Alois Potz-Mijonas war damals Bankkassierer, was einer der unnatürlichsten Berufe der Welt ist. Denn ist es etwa natürlich, jeden Tag mehrere hunderttausend Mark in der Hand zu haben, um am Ende eintausenddreihundertvierzig netto für den ganzen Monat nach Hause zu bringen? Alois war jedoch ein bescheidener junger Mann, aß, was man ihm für wenig Geld gab, und ging mit Mädchen aus, die zwar keine besonderen Vorzüge hatten, aber auch keine hohen Ansprüche stellten. Er war zufrieden.

Die wahre und jeder ideologischen Prüfung standhal-

tende Geschichte des großen Helden der Naturkost begann, als Alois Potz-Mijonas sechsundzwanzig war. Zu jener Zeit starb in Chicago ein gewisser Thomas Alva Potts und hinterließ mehrere Millionen Dollar, die er mit der rein synthetischen Herstellung von Würstchen-Därmen verdient hatte. Seine Nachlaßverwalter fanden nach langer Suche den einzigen lebenden Verwandten des Verstorbenen – und somit auch Erben – in Deutschland. Es war eben unser Alois Potz-Mijonas.
Der unerwartete Reichtum brachte Alois viele Probleme. Als gelernter Bankkaufmann konnte er sich leicht ausrechnen, daß die Millionen, die ihm nach Abzug der Erbschaftssteuer und nach der Abrechnung mit den Rechtsanwälten blieben, ihm, wenn er sie durchschnittlich günstig anlegte – auch wenn man eventuelle Schwankungen der Währungskurse und Zinssenkungen einkalkulierte – mindestens zweihundertachtundsechzig Jahre mühelosen luxuriösen Lebens sicherten. Und zwar unter der Voraussetzung, daß sich seine Ausgaben verzehnfachten.
Da er keine Lust hatte, sein so leicht erworbenes Geld unverbraucht jemandem Unbekannten zu hinterlassen – wie es dem unbekannten amerikanischen Potts geschehen war –, beschloß Alois, seine Ausgaben um das Zwanzigfache zu steigern.
Dies war jedoch leichter zu beschließen als zu verwirklichen. Die anfänglichen Einkäufe einiger für einen Multimillionär unentbehrlicher Kleinigkeiten wie eine Villa in Deutschland und eine in der Schweiz, ein paar Wagen, eine Yacht und ein Jet, schlugen keine große Lücke in sein Vermögen. Kaviar schmeckte dem Neu-

reichen wegen seines Fischgeruchs nicht, Champagner verursachte ihm schlimmeres Sodbrennen als weiland Kohl. Er veranstaltete einige rauschende Feste für die Schickeria, hatte jedoch nach jedem Fest drei Tage lang fürchterliche Kopfschmerzen.

Alois legte sich einige superattraktive, allgemein begehrte und anspruchsvolle Frauen zu, hintereinander und nebeneinander. Beim Geldausgeben waren sie ihm zwar eine große Hilfe, brachten ihm jedoch, trotz ganz unterschiedlicher Kurvengestaltung und Liebeserfahrung, nicht mehr Spaß als seine einstigen grauen Mäuschen.

Vielleicht lag es an Alois selbst, weil er noch immer etwas schüchtern und kein richtiger Genießer war; vielleicht lag es auch an den Damen, weil sie meist mehr Leidenschaft beim Anblick von Pelzen oder Ringen als beim Anblick seines immerhin männlichen Körpers zeigten. Sie waren im Bett zum Teil langweiliger als die sommersprossigen Kolleginnen aus der Zeit der Banklehre, weil sie weniger natürlich und natürlich weniger neugierig auf das Liebeserlebnis waren als jene.

Die letzte seiner Gespielinnen, ein populäres Starlet, versuchte ernsthaft, Alois in das Sexspiel einzuweihen und hineinzuziehen. Ob sie nur die teuren Geschenke redlich abarbeiten wollte oder wirklich an dem Mann beziehungsweise am Sex interessiert war, wer sollte das wissen? Sie erschreckte ihn jedoch nur.

Nein, auch das war für Alois Potz-Mijonas kein Weg, sein Riesenvermögen zu verheizen! Außerdem: Selbst wenn er es geschafft hätte, zwanzigmal mehr auszugeben, als in der Zeit vor dem Reichtum, würde das Geld immer noch für unrealistische hundertvierunddreißig Lebensjahre reichen! Wie lange würde er wirklich leben? Wenn er weiterhin den Jet-Set-Lebensstil pflegte, der ihm überhaupt nicht lag, würde er sicher nicht alt werden.

In einer der schlaflosen Nächte, die ihm diese Überlegungen verursachten, kam Alois endlich die rettende Idee. Sie war einfach, wie alle genialen Ideen: Er mußte es vom anderen Ende her anfassen. Statt zu versuchen, immer mehr auszugeben, damit er sein ganzes Geld zu Lebzeiten verbrauchte, mußte er einfach versuchen, sein Leben zu verlängern.

Alois Potz-Mijonas umgab sich mit Büchern und Wissenschaftlern, die ihm den Weg zum gesunden, also langen Leben zeigen sollten. Die Suche nach dem richtigen Weg war keine leichte Arbeit, denn die Wissenschaftler widersprachen sich und widerlegten sich gegenseitig. Obwohl Alois alle weisen Ratschläge prüfte und nur die übernahm, die ihm einleuchteten, konnte er nicht allen folgen: Die wissenschaftliche Pflege der Gesundheit ist mehr als ein Full-time-Job. Selbst ein Millionär, der nichts anderes zu tun hat, kann diese Arbeit nicht im vollen Umfang bewältigen.

Alois beschloß, sich vor allem auf biologisch-dynamische Naturkost zu konzentrieren. Er lehnte es allerdings ab, sich von Schrot und ungemahlenen Körnern zu ernähren. Irgendwie hatte er das Gefühl, daß es keinen Sinn hätte, Millionär zu sein, wenn man so was futtern würde.

Ja, selbst ein langes Leben lohnte sich unter diesen Umständen nicht. Alois hatte in der Bank gelernt, in

Zahlen zu denken. Er konnte sich ausrechnen, daß es keine Fleischproduktion mehr geben würde, wenn die Menschen das Viehfutter verpraßten. Und er war nicht bereit, auf Fleisch zu verzichten. Er dachte nicht nur an sich selbst. Er war erst seit kurzem reich und glaubte noch an den Verfassungssatz, daß Vermögen verpflichtet.

Er entschied sich dafür, weiter Fleisch, Gemüse, Obst, Eier, Milchprodukte, Brot und Gebäck zu essen – Fisch mochte er nicht –, alles aber naturgezüchtet, ohne Chemie, ohne Schadstoffe. Sein Koch fand einen entsprechenden großen Bioladen, der alles frei Haus lieferte.

Die Produkte waren erstklassig, wirklich ausgewählte Ware. Sie sahen gut aus und schmeckten ausgezeichnet. Alois aß sie mit großem Appetit und fühlte sich gesund wie nie zuvor. Er führte manchmal sogar stumme Gespräche mit einem Kalbskotelett oder mit einer Tomate: «Siehst du», sagte er im Geiste, «so saftig, so echt im Geschmack wie du kann nur ein Naturprodukt sein! Ich fühle, wie ich bei jedem Bissen eine Minute Lebenserwartung gewinne!» Er wurde bei dieser Kost beinahe zum Genießer, zumal sein französischer Koch ein wirklicher Meister seines Faches war.

Natürlich waren die Produkte im Bioladen viel teurer als woanders, das wußte Alois. Die Produktion ohne chemische Hilfsmittel ist ja viel umständlicher, und die Erträge sind geringer. Was Alois nicht wußte, war, daß er noch einen Sonderaufschlag zahlte, einen ganz persönlichen Millionärszuschlag. Schließlich hatte der Bioladen nicht allzu viele Millionäre als Kunden.

Alois erfuhr zufällig davon, als er beim Joggen am Garten vorbeikam, in dem sich sein Koch und der Ladeninhaber über die Verteilung des Sonderzuschlages stritten.

«Seien Sie doch kein Halsabschneider, so viel bleibt doch gar nicht übrig!» Der Kaufmann versuchte ruhig zu bleiben. «Ich bringe Ihnen erstklassige Ware, genau wie Sie es wünschen, von den teuersten Delikatessenlieferanten! Ich muß doch auch was verdienen!»

«Natürlich!» schrie der Franzose, der in der Aufregung plötzlich perfekt Deutsch sprach (er stammte nämlich aus einer alteingesessenen Berliner Hugenottenfamilie). «Glauben Sie etwa, ich würde meinem Herrn das verwelkte Gemüse vorsetzen, das Sie bei den Großhändlern abends als Sonderangebote einkaufen? Oder das aufgetaute Gefrierfleisch unbestimmter Herkunft? Behalten Sie das für Ihre dynamisch-biologisch Bekloppten! Aber kommen Sie mir nicht so! Ich kenne die Preise bei den guten Firmen und könnte da selbst einkaufen! Danken Sie Gott und der Marotte von Herrn Potz-Mijonas. Sie kriegen Ihr Geld nur dafür, daß sie ‹Bioladen› heißen!»

Alois kündigte dem Koch und dem Lieferanten und wurde traurig. Er dachte an die Mengen von Schadstoffen, die er mit dem guten Essen seinem Organismus zugeführt hatte und fühlte sich miserabel.

Er beruhigte sich auch nicht, als die Analyse der restlichen Vorräte jener Lebensmittel, die noch der Franzose besorgt hatte – Alois hat sie sofort an ein ernährungswissenschaftliches Institut geschickt –, keine besonders hohen Konzentrationen an Schadstoffen aufwiesen.

Die Wissenschaftler erklärten, daß die modernen Chemikalien, die man jetzt in der Landwirtschaft benutzte, viel schneller von der Natur abgebaut werden könnten, also weniger Spuren in den Pflanzen oder im Fleisch der Tiere hinterlassen. Das war für Alois ein schwacher Trost.

Sein neuer Koch war ein Preuße. Er fand wirkliche alternative Ökobauern, die ehrlich nach den Methoden ihrer Urgroßväter wirtschafteten, und schloß mit ihnen Lieferverträge ab. Der mißtrauisch gewordene Alois machte bei den Bauern Überraschungsbesuche, fand jedoch nichts Verdächtiges.

Das Naturobst und -gemüse war bei weitem nicht so schön, wie es Alois früher gewohnt war. Die Äpfel waren oft wurmstichig, im Blumenkohl krochen Raupen herum und hinterließen häßliche Spuren, das Fleisch war nicht so zart ... Freilich kochte der Preuße auch nicht so gut wie der Franzose. Er hatte sein Handwerk beim Militär erlernt.

Während eines Besuches bei den Bauern verschlug es Alois für drei Tage den Appetit, als er mit dem Anblick und Geruch der natürlichen Düngemittel konfrontiert wurde. Dann kam ihm der schreckliche Verdacht: Was, wenn dieser Dung von Menschen und Tieren stammte, die sich selbst nicht ökologisch ernährten?

Er ließ Proben entnehmen und sie untersuchen (zu jener Zeit hatte er schon ein eigenes ernährungswissenschaftliches Labor mit drei qualifizierten Mitarbeitern). Und tatsächlich, im Dung fanden sich Spuren von allerlei Chemikalien.

Die regelmäßigen Untersuchungen der alternativen

Lebensmittel selbst zeigten, daß sich ihre Schadstoffwerte nicht sehr von denen unterschieden, die man in normalen Lebensmitteln findet – manche Stoffe kamen konzentrierter, manche in geringeren Konzentrationen vor. Die Bauern meinten, sie seien daran nicht Schuld – die Schadstoffe kämen aus der Luft und aus dem Grundwasser, von der nahen Autobahn und von den nicht sehr entfernten Industriebetrieben. Alois war verzweifelt. Ihm war es doch absolut egal, auf welchem Weg die Chemie in seine Speisen kam! Er wollte lange leben, er wollte gesund essen, er wollte reine Naturkost!

Potz-Mijonas änderte seine Strategie. Er bestellte sich seine Lebensmittel direkt in verschiedenen exotischen, unterentwickelten Ländern, in denen es keine chemisierte Landwirtschaft und keine Industrie gab. Allein mit dem Sammeln von wildwachsendem Reis für Alois waren Frauen zweier indischer Dörfer beschäftigt. Dies half zwar den Dörfern ein wenig – die indischen Bauern konnten sich für den Lohn ihrer Frauen Kunstdünger für ihre Felder kaufen –, nicht aber Alois: Auch dieser wilde Reis wies Spuren von Schadstoffen auf, die er während des Transports aufgenommen hatte. Eine Ladung wurde dazu noch von einer Kontrollstelle für Lebensmittel eingezogen, weil der Reis eine Menge Krankheitskeime exotischer Herkunft enthielt.
Trotzdem gab Alois nicht auf. Er kaufte ein großes Stück Land, das so weit wie möglich von Autobahnen und Industrieunternehmen entfernt war, und organisierte da selbst den biologischen Anbau von Gemüse, Obst und Getreide. Dem Ganzen wurde eine eigene Fleisch-

und Milchwirtschaft angeschlossen. Ein ganzer Stab von Wissenschaftlern half ihm dabei, vorwissenschaftliche Landwirtschaftsmethoden zu entwickeln. So entstand das berühmte Potznaturland.
Das großzügige Experiment, das vielen Menschen echte Naturkost liefern sollte, mußte jedoch nach drei Jahren aufgegeben werden. Die Erträge waren gering, die Qualität der Produkte niedrig, die Kosten hoch. Was man für eine Mark verkaufen konnte – nach Bioläden-Preisen – , kostete in der Herstellung sechs Mark. Das konnte sich nicht einmal ein Potz-Mijonas leisten.
Er begriff, daß er das Problem im Alleingang nicht lösen konnte, und wendete sich an die Öffentlichkeit.
Die Medien griffen seine Initiative auf. Gesinnungsgenossen meldeten sich, es entstand jene große Bewegung, die wir alle kennen. Potz-Jungs und Potz-Mädchen demonstrierten begeistert für Naturkost, gegen Chemie und Industrie. Der Landwirtschaftsminister wurde mit verfaulten Eiern – aus Käfigzüchtung – beworfen. Man appellierte an die Regierung, and die EG, an das Europaparlament, an die UNO ... Die Politiker antworteten, daß sie die Besorgnis der Potz-Mijonisten teilten, fügten jedoch etwas verschämt hinzu, daß man ohne moderne Landwirtschaft die heutigen Menschenmengen nicht ernähren könne ...
Es schien, daß alles so bleiben würde, wie es war; auf der einen Seite die begeisterte Potz-Bewegung, auf der anderen die industrialisierte Landwirtschaft.
Alois ließ sich jedoch nicht unterkriegen. Er deutete einigen Freunden an, er habe neue Ideen. Wer weiß, was er alles hätte erreichen können?

Ein tragischer Unfall riß ihn jedoch zu früh – im Alter von einundvierzig Jahren – aus den Reihen der Lebenden. Alois war eben dabei, eine Ladung von Lebensmitteln in Empfang zu nehmen, die zur Kontrolle in sein Labor gekommen waren, als ihm von einem Lastwagen etwas Schweres auf den Kopf fiel und ihn zu Boden drückte. Er kam nur einmal kurz zu sich und fragte leise seinen Chefchemiker: «Was war das?»
«Ein Sack Kartoffeln.»
«Untersucht?»
«Ja. Schadstoffe im Durchschnitt unter einem Prozent der zulässigen Höchstmenge.»
«Gut», seufzte der Held und Märtyrer der Naturkost und starb.
Sein Testament brachte eine Überraschung: Alois verschrieb sein ganzes Vermögen zwei zu gründenden Forschungsinstituten – einem chemischen, das sich darum bemühen sollte, die Produktion biologisch reiner Naturkost mit Mitteln der Chemie zu sichern, und einem biogenetischen, das Wege suchen sollte, den menschlichen Organismus der mit herkömmlichen chemischen Mitteln erzeugten Kost anzupassen. Die zweite Überraschung kam, als man Alois' Kontostand prüfte: Es waren nur noch hundertdreiundzwanzig Mark und siebzehn Pfennige da. Den Rest hatten Naturkost-Experimente verschlungen.
Ein Ziel erreichte der große Alois Potz-Mijonas aber doch: Es war ihm gelungen, seine Millionen noch zu Lebzeiten auszugeben.

Bräuche der Wilden

Die Zeitmaschine, ein Modell der ersten Generation, machte bei der Überwindung der letzten Zeitbarrieren einen schrecklichen Lärm. Dr. Ferdinand Bauer, Chefredakteur der Monatsschrift «Gegenwart der Vergangenheit», ein vornehmer älterer Herr, der sich in den Familienangelegenheiten der Ubier-Häuptlinge besser auskannte als in der modernen Technik, bekam heftige Kopfschmerzen. Dem Redaktionsvolontär Charlie Schwarz, den Bauer im letzten Moment zu diesem Termin mitgenommen hatte, machte der Lärm anscheinend nichts aus.

«Muß das einen solchen Krach machen?» klagte Bauer.

«Mhm ... Woher kommt Dr. Famuse diesmal?»

«Aus dem minus zwanzigsten Jahrhundert.»

«Na klar», meinte der junge Mann, «viertausend Jahre, das ist ein ganz schöner Widerstand. Diese Maschine hat elf Jahre auf dem Buckel und weiß Gott wie viele Jahrtausende auf dem Tacho!»

Beim Bremsen heulten die Motoren noch einmal auf, dann wurde es still. Die Schiebetür öffnete sich, und Dr. Famuse, ein kräftiger Mann mittleren Alters mit einem mächtigen blonden Bart, kam heraus.

Bauer und Famuse begrüßten sich wie alte Freunde, die sie auch waren, und der Chefredakteur stellte seinen Volontär vor:

«Er hat keine Ahnung von den vorgermanischen und frühgermanischen Epochen. Ich möchte, daß er sich ein wenig einarbeitet.»

8
7
6
5
4

Als sie im Hubschrauber Platz genommen hatten, fragte Bauer: «Wie geht es unserem Freund Dr. Großer Wolf?»
«Großer Wolf ist Stammeshäuptling geworden und säuft», sagte Famuse. «Er hat mir eine ganze Ladung Hermelinfelle mitgegeben – ich soll ihm mit der nächsten Zeitmaschine fünfzig Kisten von seinem Lieblings-Whisky schicken.
Das wird wieder ein Theater sein! Beim Zollamt muß ich beweisen, daß Köln vor viertausend Jahren kein Ausland war, um die Einfuhrgenehmigung für die Felle zu bekommen; und das Finanzamt muß ich überzeugen, daß man eine Siedlung aus dem zwanzigsten Jahrhundert vor Christus steuerrechtlich nicht als Inland betrachten kann – um die Mehrwertsteuer für den Whisky zu sparen.
Ich muß das aber für den guten Wolf tun, damit er uns nicht verdurstet. Er hat zwar seinen Medizinmännern beigebracht, so etwas wie Wacholderschnaps zu brennen. Aber das Zeug ist ziemlich stark, schmeckt jedoch scheußlich.»
«Verzeihen Sie bitte, ich verstehe nicht ganz – wer ist dieser Dr. Wolf?» fragte Schwarz.
«Dr. Großer Wolf», betonte Bauer, «ist ein Bursche aus dem minus zwanzigsten Jahrhundert. Famuse hat ihn vor zwanzig Jahren von seiner ersten Expedition in die Vergangenheit mitgebracht und vor fünf Jahren zu seinem Stamm zurückgeschickt. In den fünfzehn Jahren bei uns hat er in Heidelberg und Prag studiert, ein wenig Medizin, ein wenig Volkswirtschaft, und hat einen Doktor in Philosophie gemacht.»
«Und dieser Mensch soll jetzt mit den Wilden leben?»

«Ein wissenschaftliches Experiment. Man wollte sehen, ob und wie weit ein moderner, gebildeter Mann die Gurgewalden zivilisieren kann.»
«Ist das wahr, Herr Dr. Famuse? Und hat das geklappt?»
«Menschenskinder, ich habe jetzt keine Lust, darüber zu reden! Nächste Woche muß ich sowieso bei der Tagung der Urzeit-Gesellschaft alles referieren. Außerdem landen wir in zwei Minuten am Terminal. Ich mache euch einen Vorschlag: Wir gehen dann zu Fuß zu mir ins Institut. Ich brauche dringend einen Spaziergang. Nach drei Wochen im Urwald muß ich ein bißchen normale Stadtluft schnappen. Im Institut können wir dann ein Interview mit dem Häuptling der Gurgewalden vom Tonband abhören. – Übrigens», fügte der Forscher hinzu, «Video- und Filmaufnahmen hat Großer Wolf strengstens verboten, aus magischen Gründen, wie er sagte, und er ließ sich nicht überreden, obwohl ich ihm eine Kiste Kognak angeboten habe.»

Das Tonband war von bester Qualität. Dr. Famuse sprach deutlich und nicht allzu schnell:
«Wir befinden uns in der Siedlung des prägermanischen Stammes der Gurgewalden, in der Gegend der heutigen Stadt Köln. Hier ist Frühling, wir schreiben das Jahr 1990 vor Christus. Die Siedlung besteht aus einundzwanzig primitiven Blockhäusern auf Pfählen. Das Haus des Häuptlings, das zugleich als Versammlungs- und Kulthaus dient, ist dreimal so groß wie die anderen. Das große Vorzimmer ist streng nach den alten Kultvorschriften eingerichtet. Von allen Wänden grinsen gruselige Masken. Neben einer mit Bärenfellen bedeckten Liege des Häuptlings steht das Stammestotem, mit Raubtierzähnen und menschlichen Schädeln behängt.
Wir sitzen im hinteren Gemach, in der Privatwohnung des Häuptlings Dr. Großer Wolf. Der Raum ist mit Standardmöbeln ausgestattet, die Ende des zwanzigsten Jahrhunderts gefertigt wurden. Zu diesem Raum hat kein Mitglied des Stammes Zutritt, außer dem Alten Fuchs, dem treuen Diener des Häuptlings, der auch mit ihm in unserer Zeit war. Mein Gastgeber bewirtet mich mit einem kalten Drink aus Wacholderbranntwein und Moosbeerensaft.
Herr Dr. Großer Wolf, Sie sind als einziger Mensch in der Weltgeschichte in zwei entfernten Kulturen zu Hause, in der des zwanzigsten Jahrhunderts vor und der des zwanzigsten Jahrhunderts nach Christus. Worin liegt Ihrer Meinung nach der Hauptunterschied in der geistigen Verfassung der Menschen dieser beiden Epochen?»

Großer Wolf räusperte sich mit der Professionalität eines neuzeitlichen Parlamentariers und legte los:
«Ihr im plus zwanzigsten, pardon, schon einundzwanzigsten Jahrhundert schätzt nur die äußeren Erscheinungen der sogenannten Zivilisation. Der Sinn für geistige Werte, für einfache menschliche Tugenden ist mit dem alten Griechenland untergegangen. Technik und Bequemlichkeit sind eure Götzen geworden. Anstatt der Seele entwickelt ihr Maschinen.
Wir Naturmenschen sind mit unserer Umwelt vereint, mit unserem Wald, mit den Tieren, die unsere Brüder sind. Wir haben eine ungebrochene Verbindung zu unseren Ahnen. Unsere Menschlichkeit äußert sich in der ungestörten Harmonie unseres klaren Innenlebens . . .»
«Mensch, kann der reden!» rief Charlie Schwarz bewundernd. «Der könnte es auch bei uns zum Häuptling bringen.»
Da der Ausruf des Volontärs einige Worte übertönte, stellte Schwarz das Band ein wenig zurück und ließ es erst dann wieder laufen:
«Wenn ich so Ihr Zimmer betrachte, Dr. Großer Wolf, muß ich feststellen, daß auch Sie unsere Bequemlichkeit lieben. Sie haben eine elektrische Heizung, einen Kühlschrank, eine Gefriertruhe, eine kleine Bibliothek, einen Jeep in der Geheimgarage . . .»
«Ich bin nicht typisch. Wie Sie bereits sagten, gehöre ich beiden Kulturen an . . . Und dann: Ich bin der Führer meines Volkes und, als oberster Medizinmann, auch Vertreter der Götter auf Erden. Ein Alleinherrscher muß seine Geheimnisse haben, magische Attribute der

Macht – dies liegt im Interesse des Volkes und der Gesellschaftsordnung. Sehen Sie, ich habe bei euch im Geschichtsunterricht gut aufgepaßt. Alle diese Dinge, an die ich mich gewöhnt habe, sind aber für mein Volk nicht gut, deshalb habe ich sie tabuisiert.»

«Ist es etwa gut», fragte Famuse mit der Geduld eines Erziehers, «daß Ihre Leute nur mit Fellen bedeckt herumlaufen? Daß sie den Boden mit einem hölzernen Hakenpflug bearbeiten? Daß sie sich den Bären mit einem Steinhammer und bronzenem Messer stellen? Sie könnten doch von uns fast alles beziehen. Mit modernen Waffen ausgerüstet, könnten Ihre Jäger uns mit teuren Fellen in jeder Menge beliefern!»

«Natürlich könnten wir per Zeitmaschine alles bei euch einkaufen. Wir haben hier einen Bach, in dem man fast ohne Mühe Gold schürfen kann. Aber wozu?

Ich will damit gar nicht anfangen. Gold ist ein untaugliches Metall, gerade noch für Weiberschmuck gut. Und alle eure Maschinen und Instrumente sind für meine Gurgewalden unnütz. Wir haben auch ohne sie Wild, Rinder und Getreide genug. Ökonomisch gesehen ist unter unseren Bedingungen die menschliche Arbeitskraft die wirtschaftlichste.»

«Gewiß, Ihr Volk kann seine primitivsten Bedürfnisse befriedigen – aber nicht mehr!»

«Die Gurgewalden haben keine anderen Bedürfnisse – das ist der Kern der Sache», meinte der Häuptling. «Nehmen wir an, ich schickte euch Gold und Felle und kaufte dafür moderne Pflüge oder gar Trecker. Dann müßte ich euch ein paar Burschen ins plus einundzwanzigste Jahrhundert in die Schule schicken, damit sie die Maschinen bedienen könnten. Die kämen dann mit neuen Kenntnissen, aber auch mit neuen Bedürfnissen zurück. Die Gurgewalden würden dann nicht mehr mit dem zufrieden sein, was sie haben. Sie würden in den Circulus vitiosus der Befriedigung von Bedürfnissen und der Schaffung neuer Bedürfnisse geraten, in den Teufelskreis, in dem ihr lebt. Und wozu? So können sie noch einige Jahrtausende glücklich bleiben.»

«Glauben Sie wirklich, daß das Glück im primitiven Leben und in der Unwissenheit liegt?»

«Moment, ich muß das Band wechseln», unterbrach Schwarz.

«Tja, ich möchte gern wissen, wer dieser Doktor Großer Wolf eigentlich ist – ein heutiger Intellektueller, der einen Wilden spielt, oder ein Wilder, der einen Intellektuellen mimt...»

«Ist das nicht dasselbe? Ich sehe da keinen Unterschied!» erwiderte Dr. Bauer.

«Ich bin sehr neugierig», lachte der Volontär auf, «worüber sich dieser feine Philosoph unterhält, wenn er mit einer Urwald-Schönen zusammen ist. Über was reden die – über Preiselbeerensammeln?»

«Er hat nach Stammessitte als Häuptling sechs Frauen», informierte Dr. Famuse.

«Es wäre vielleicht ganz schön, ab und zu mit so einem Naturweib zusammenzusein, mit dem man weder über Politik noch über Hit-Sänger quatschen muß», warf Dr. Bauer ein.

Das Band lief wieder. Dr. Großer Wolf tönte feierlich: «Lebt jemand glücklicher als meine Gurgewalden? Sie leben im Wald, am Fluß, haben frische Luft, viel

Bewegung, gesunde Kost, einfache Pflichten, Ruhe. Das ist doch der Urlaubstraum eines jeden Europäers eurer Zeit!
Die Arzneien, die ich mitgebracht habe, sind noch fast alle da, wir haben sie kaum gebraucht. Ich mische sie mit unschädlichen magischen Zutaten und verabreiche sie mit Zauberformeln: Das erhöht die Wirkung der Medizin. Die Heilkraft der Medikamente verbindet sich mit der mystischen Kraft der Ahnen. Und ich habe neue Riten zu Ehren des Wassergottes Buligerd eingeführt: zweimal täglich waschen.
Wir führen keine Kriege, da es weit und breit keine Nachbarn gibt. Für den Notfall – sollte zum Beispiel ein Rudel Wölfe im Winter ein Dorf überfallen, oder sollte meine persönliche Sicherheit bedroht sein –, ließ ich mir in der Brünner Waffenfabrik drei gute zehnschüssige Gewehre anfertigen, als Zauberstäbe getarnt. Meine Dorfmedizinmänner können mit ihnen umgehen.
Das ist eigentlich alles, was mein Volk von der Zivilisation gebrauchen kann und was sich mit der Tradition des Stammes vereinbaren läßt.»
Die Stimme von Dr. Famuse zeigte, daß er etwas verlegen war: «Was die Tradition Ihres Stammes betrifft, da hätte ich eine Frage. Aber wenn Sie es nicht wollen, müssen Sie nicht antworten, Dr. Großer Wolf . . .»
Großer Wolf fiel ihm ins Wort: «Ach, ich verstehe . . . Sie meinen unser Deressa-Tramkurr, die Zeremonie der Empfängnis des menschlichen Leibes, nicht wahr?» Dann fuhr er feierlich fort: «Es ist ein uralter mystischer Brauch unseres Stammes, der seine Auserwähltheit symbolisiert. Er war schon vergessen – *ich* habe ihn

erneuert.» Großer Wolf sprach jetzt laut, pathetisch und aggressiv. «Das seid ganz ihr, zivilisierte Menschen. Eurer humanen Moral ist es wohl zuwider, Menschenfleisch zu verspeisen, nicht wahr? Schlachten darf man, aber essen nicht!»

Famuse erwiderte unsicher: «Na ... ich könnte es vielleicht bei einer furchtbaren Hungersnot verstehen ... aber ...»

Großer Wolfs Stimme verriet höchste Empörung: «Menschenfleisch essen, weil man Hunger hat?! Solch eine Barbarei kann nur bei euch, in der zivilisierten Welt passieren, nicht bei uns in der Bronzezeit! Jeder Gurgewalde, der so etwas tun würde, würde mit dem Tode bestraft. Mehr noch: Sein Leichnam würde nicht verspeist, sondern schmählich in der Erde verscharrt werden!»

Im Tonband kam eine kurze Pause. Dann sagte Großer Wolf ruhiger: «Lassen wir das – Sie können es doch nicht begreifen. Prost! Bitte, nehmen Sie ein Stückchen Fleisch.»

«Danke, ich habe keinen Hunger.»

Großer Wolf lachte auf: «Keine Angst – das ist Wildschweinschinken.»

Dann fiel er wieder ins Deklamieren zurück: «Deressa-Tramkurr ist die höchste Weihe. Eine Ehrung des Toten, dessen Leib die Leiber seiner Söhne und Brüder stärken darf, dessen Seele zu einem Teil der ihren wird.

Für die Lebenden ist Deressa-Tramkurr die Verbindung zu unseren dahingegangenen Stammesbrüdern, ein Eid auf die Einheit und Ewigkeit des Volkes und seiner Tradition.

Teilnahme an der Deressa-Tramkurr ist die höchste Auszeichnung. Nur mir, dem Führer, gebührt das Recht, das Herz eines mutigen Jägers oder das Hirn eines weisen Greises einzunehmen, nur die Mitglieder unseres Ältestenrates und die tapfersten Jäger dürfen an der Zeremonie teilnehmen. Dieses Privileg knüpft ein festes Band zwischen den Auserwählten und ihrem Führer, es macht sie zu Hütern der Stammesgesetze! Jeder Gurgewalde träumt, einmal Deressa-Tramkurrban zu werden!»

Hier schrie Dr. Großer Wolf jedes Wort laut heraus, als ob er vor einer mehrtausendköpfigen Versammlung reden würde. Dann senkte er die Stimme zu einem eindringlichen Flüsterton: «Ich muß Ihnen gestehen, Dr. Famuse, für mich persönlich ist die Deressa-Tramkurr jedesmal eine harte Prüfung, ich bin eben doch von der Moral des plus zwanzigsten Jahrhunderts verdorben. Mir fehlt das natürliche Empfinden meiner Jäger. Aber ich hab' es immer fertiggebracht, meinen Ekel vor dem Menschenfleisch zu überwinden. Das ist meine Pflicht unserem Stamm und seiner Tradition gegenüber – und zugleich ein Mysterium der Heimkehr zu meinem Volk.»

Die letzten Worte vom Tonband klangen wieder nach einer Wahlkampfrede.

«Na, meine Herren?» fragte Famuse.

«Sagen Sie, Professor, waren Sie bei so einem Menschenfressen dabei?» Schwarz' Stimme verriet Spannung.

Famuse lachte: «Das ist doch alles nur Schau. Der alte Bärenpfote, ein Deressa-Tramkurrban, hat mir im

Umtausch für mein Taschenmesser das Geheimnis dieser Komödie verraten.
Die Gurgewalden hätten für keinen Preis Menschenfleisch in den Mund genommen. Sie halten den neuen Ritus für eine verrückte Idee, die der Große Wolf von uns mitgebracht hat. Übrigens, nicht ganz zu Unrecht – so traditionsbewußt kann nur ein studierter Wilder sein.
Sie machen bei der Schau mit, weil es eine Auszeichnung bedeutet. Es wäre auch nicht ungefährlich, sich davor zu drücken, denn unser Großer Wolf ist ein strenger Herrscher.
Der Ältestenrat läßt junge Bären fangen und füttert sie für diese Festmahle. Alle wissen das, und alle tun, als ob sie es nicht wüßten. Auch der Häuptling weiß es.
Übrigens, in den drei Jahren, seit Großer Wolf Deressa-Tramkurr eingeführt hat, ist in den drei Dörfern der Gurgewalden kein Mann gestorben.
Der geräucherte Menschenarm, den sie alle Vierteljahre beim Deressa-Tramkurr dem Totem als Opfer darbringen, ist stets ein und derselbe. Er gehörte dem alten Häuptling, der vor fünf Jahren gestorben ist, kurz nach Wolfs Rückkehr aus unserer Zeit.
«Stark!» kommentierte der Volontär.
«Ja, noch etwas», sagte Famuse. «Den alten Häuptling, seinen Onkel, hat Großer Wolf selber mit einer Phenolspritze umgebracht, um seinen Thron zu übernehmen.»

«Man sieht, daß er fleißig bei uns gelernt hat!» meinte Dr. Ferdinand Bauer, Chefredakteur der Zeitschrift «Gegenwart der Vergangenheit».

Bilder aus der Zukunft

Die Professoren Ernst Engel und Gottlieb Teufel verband eine tiefe persönliche Freundschaft und eine ebenso tiefe wissenschaftliche Feindschaft. Die Freundschaft entstand vor langer Zeit, als beide noch bei Professor Donner in Heidelberg theoretische und angewandte Futurologie studierten. Ihre Namen haben sie unweigerlich zusammengebracht. Allein die vielen Witzeleien, die jedes Mal ausbrachen, wenn Engel und Teufel zusammen auf ein Bier in die Studentenkneipe kamen, waren einer Freundschaft wert. Außerdem ergänzten sie sich gut – der rundliche, lebenslustige Genießer Ernst und der magere, fast asketische und eher sauertöpfische Gottlieb. Sie wurden unzertrennlich.

Ihre wissenschaftlichen Wege trennten sich, als sich Engel bedingungslos der katastrophischen Futurologie verschrieb, Teufel dagegen zum entschiedenen Anhänger der Expectatologie wurde, also der Lehre von der hoffnungsvollen, rosigen Zukunft. Diese Wahl, über die sich ihre Kollegen wunderten, weil sie ihrer Meinung nach so gar nicht den Charakteren der beiden entsprach (was nur beweist, daß die Futurologen nicht viel mehr von der menschlichen Psyche verstehen als die Psychologen), begründete die wissenschaftliche Feindschaft von Prof. Engel und Prof. Teufel. Sie rettete jedoch ihre persönliche Freundschaft, denn als Vertreter entgegengesetzter Richtungen wurden sie zu Gegnern und nicht zu Konkurrenten.

In Fachpublikationen beschimpften sie sich mit fürch-

terlichen griecho-lateinischen Termini, in den Vorträgen bezichtigten sie sich gegenseitig der absoluten Ignoranz und Unwissenschaftlichkeit. Sie gingen aber fast jeden Tag zusammen spazieren, spielten Schach miteinander, speisten oft bei den Engels (die magere Teufelsche Gesundheitsküche fand Engel ungenießbar), machten mit ihren Familien gemeinsam Urlaub. Der historische Optimist Teufel, der selbst auf Kinder verzichtete, war Patenonkel der Zwillinge des Katastrophisten Engel.
Beide Professoren arbeiteten an demselben Institut und fütterten denselben Computer; aber dieselben Geräte, die für Prof. Teufel Bilder einer konfliktlosen, idyllischen Zukunft der Menschheit in Frieden und Wohlstand errechneten, spien für Prof. Engel schreckliche Bilder aus: Ausrottungskriege, Sterben der natürlichen Umwelt, Verseuchung des ganzen Planeten. Was beweist, daß Ergebnisse der Wissenschaft nicht allein von der Technik abhängen.
Allerdings, die Zukunft, die unsere Gelehrten interessierte, mußte mindestens hundert Jahre vor uns liegen. Die näherliegenden Jahrzehnte waren für sie – wie für manche Jugendliche – keine Zukunft.
Dies ist vom wissenschaftlichen Standpunkt aus gesehen absolut verständlich. Um unanfechtbar zu bleiben, darf ein Futurologe keine Ergebnisse bieten, die noch zu seiner Lebzeit überprüft werden könnten. Dies wußten übrigens schon viele Wahrsager des Altertums – so gelang es manchen von ihnen, den natürlichen Tod zu erleben. Spätere Futurologen werden Prophezeiungen für noch spätere Nichtzeitgenossen errechnen.

Der 13. Juli 1988 sollte für Ernst Engel und Gottlieb Teufel zum historischen Tag werden. Sie wurden von Dr. Gootesmann angerufen, einem führenden Spezialisten für Futurokommunikation, der sie zur Vorführung der ersten Bilder aus der Zukunft einlud, die er mit seiner Futurokamera unter Ausnutzung der Krümmung des Zeitbogens aufgenommen hatte.
«Die Bilder bestätigen natürlich meine Theorie», sagte jeder der Professoren am Telefon, ohne irgendeine Spur von Zweifel zu zeigen. «Das kann ich nicht beurteilen», antwortete jeweils Dr. Gootesmann, «ich bin nur ein Techniker.»
Da beide Professoren ehrliche Wissenschaftler waren, ging jeder von ihnen voller Vorfreude auf den endgültigen Sieg über seinen feindlichen Freund zur Vorführung.
Kaum war das erste Bild da, sprang Prof. Engel erregt auf. «Schau dir das an, Gottlieb! Schau dir das gut an!»

rief er im Triumph. «Jetzt sehen Sie, lieber Herr Kollege, was Ihre ganze Expectatologie wert ist!»
Auf dem Schirm war eine Explosion zu sehen; man konnte auf den ersten Blick nicht erkennen, ob es eine Atombombe oder ein Vulkanausbruch war.
Bevor Teufel antworten konnte, unterbrach Dr. Gootesmann die Vorführung. «Verzeihen Sie, meine Herren», sagte er, «das war die falsche Kassette. Mein Sohn hat da die Tagesschau aufgenommen.»

Nach dem Wechsel der Kassette hatte wiederum Prof. Teufel einen Grund zum Triumphieren, was er selbstverständlich auch tat. Auf dem Bildschirm waren einige Bäume zu sehen, zwischen ihnen hohes Gras. Eine Affenherde trieb friedlich ihre Spiele – es waren vorwiegend Liebesspiele.
«Bitte, Herr Kollege», sagte Teufel, «schauen Sie sich das gut an. Intakte Natur. Ein humaner Tiergarten – wir sehen weit und breit keinen Zaun. Gesunde Tiere, die offensichtlich keine Neigung zum Aussterben zeigen. Sind diese Bilder nicht überzeugend?»
«Die Bilder sind absolut überzeugend!» antwortete Engel, und er legte in seine Stimme so viel Süßigkeit, wie er nur konnte. «Aber Ihre Interpretation ist es nicht, Herr Kollege! Dieses Gras wächst auf einer Stelle, wo einst eine Großstadt war. Und diese etwas unappetitlichen Tiere sind keine Nachkommen der heutigen Affen, sondern das, was aus den Menschen geworden ist. Dieser Fleck im Hintergrund ist vermutlich die Ruine eines Hochhauses. Könnten Sie bitte das Bild anhalten?» wandte er sich an den Gastgeber.

Dr. Gootesmann tat es, man konnte jedoch trotzdem nicht erkennen, ob es ein zerstörtes, ein heiles oder überhaupt ein Haus war.
Prof. Teufel nahm die Auslegungen seines Freundes mit einem ironischen Lächeln auf. «Herr Dr. Gootesmann», sagte er, «könnten Sie bitte meinen Herrn Kollegen aufklären, wo diese Szene aufgenommen wurde?»
«Auf unserem Planeten. Mit genaueren Angaben kann ich leider nicht dienen», meinte der Hausherr verlegen. «Der Motivwähler ist noch nicht ausgereift, geographische Ortung ist leider noch nicht möglich.»
«Schade», sagten beide Gelehrten unisono. Beide sagten es rechthaberisch.

Das zweite Bild war unscharf, verwackelt, voller Schatten, ohne Farbe und ohne Ton.
«Die ersten Versuche», entschuldigte sich Gootesmann, «aber ich wollte sie Ihnen nicht vorenthalten.»
Geisterhafte Gestalten, dicht beieinander, drehten sich sprunghaft um die eigene Achse; zweibeinig, aber merkwürdig gebückt, wahrscheinlich bucklig. Man konnte nicht unterscheiden, ob es irgendwelche Vögel beim Balztanz oder doch Menschen waren. Es war nicht einmal klar, wie groß diese Wesen waren, weil im Bild nichts zu sehen war, was als Maßstab hätte dienen können.
Zwei der Wesen drehten sich zur Kamera um.
«Stop!» kommandierte Engel. «Könnte man das vergrößern?»
Dr. Gootesmann projizierte einen Ausschnitt des Standbildes auf die Leinwand. Durch die Vergrößerung

wurde das Bild natürlich nicht klarer, aber, was da zu sehen war, waren eindeutig keine Vogelköpfe und auch keine Tierschnauzen. Es waren maskenhafte, aber menschenähnliche Gesichter, ohne Nase und Ohren, mit zwei Augenlöchern, hinter denen man keine Augen sah, mit langen, vampirhaften spitzen Zähnen.
«Alles klar!» stellte Prof. Engel zufrieden fest. «Dies ist eine andere Spezies der Erben unseres Menschengeschlechts – Gen-Mutanten. Eine Folge der Radioaktivität und anderer Strahlungen. Quod erat demonstrandum!
Wie du siehst, lieber Gottlieb, eine richtige Theorie muß von der Wirklichkeit bestätigt werden.»
«Mhm! . . .» Jetzt wurde Prof. Teufel giftig-süß. «Richtige Wirklichkeit kann sogar von einer falschen Theorie nicht entstellt werden. Aber Menschen können sich verstellen! Dies ist doch eindeutig eine Ballettszene. Hexentanz nach Shakespeare. Oder ‹Tanz der Vampire›. Es gibt doch ein klassisches Ballett mit diesem Namen, nicht wahr?»
«Das ist ein Film . . . von Polanski . . .», korrigierte Dr. Gootesmann schüchtern.
«Ich habe ihn gesehen», brüllte Engel. «Die Vampire waren viel menschenähnlicher als diese Bastarde da.»
Gottlieb Teufel zuckte mit den Achseln. «Es könnten auch Bilder vom Karneval oder von einer Masken-Party sein. Die Aufnahme zeigt einfach zu wenig . . .»
Die nächste Aufnahme war ganz eindeutig: Eine Straße mit zwar hohen, aber schönen Häusern, Bäume, eine große Menschenmenge, in der weiße, schwarze und gelbe Gesichter zu sehen waren. Die Menschen beweg-

ten sich zwar etwas apathisch – nach unseren Begriffen –, sie waren jedoch gut gewachsen, gut genährt und trugen einfache, praktische Kleidung.
«Arbeitslosen-Demonstration!» zischte im Rückzugsgefecht Prof. Engel.
«Ein Fest!» erwiderte Prof. Teufel mit der Ruhe des Siegers.
«Und selbst wenn es eins ist – haben Sie noch nie von Festen in der Pestzeit gehört, verehrter Herr Kollege?! Aus welchem Jahr stammen die Bilder?»
«Zwischen 1990 und 3490 unserer Zeitrechnung. Die Kamera arbeitet noch mit einer Toleranz von plus/minus 1500 Jahren. Die Krümmung des Zeitbogens ...»
«Alles klar!» unterbrach ihn Engel. «Diese Demonstration oder, meinetwegen, dieses Fest findet irgendwann in den Jahren unmittelbar vor dem Großen Knall statt ...»
«Was ist denn das? Und wann soll es geschehen?»
«Ignorant! Das ist natürlich die Große Katastrophe, initiiert durch den Nuklear- und Strahlenwaffen-Weltkrieg, der eine Reaktionskette von Erdbeben, Vulkanausbrüchen und Globalüberschwemmungen auslöst. Von uns exakt für die Jahre 2079–2103 errechnet.
«Typisch Expectatologe!» Prof. Engel schüttelte den Kopf. «Sie kennen nicht einmal die grundsätzlichsten wissenschaftlichen Werke – nicht einmal meine Studie ‹Mathematische Beiträge zur Errechnung der sozioökonomischen, politischen, geopolitischen und sozialpsychologischen Koordinate des Höhepunktes der endgültigen Katastrophenkette›, die jeder Student kennt!»
«Regen Sie sich nur nicht so auf, Herr Prof. Engel! Sie

haben wohl mein Standardwerk ‹Wellentheorie zum stufenweisen Übergang der Menschheit zu Harmonie und friedlichem Wohlstand› auch nicht gelesen, sonst hätten Sie diese Bilder zeitlich besser zuordnen können. Jeder von *meinen* Studenten würde sofort erkennen, daß dieses fröhliche Fest erst nach der Großen Versöhnung stattfinden konnte, deren Zeitpunkt ich mit meinen Assistenten genau für die Jahre 2081–2104 errechnet habe...»

Um den Streit zu unterbrechen, sagte Dr. Gootesmann: «Könnten wir uns vielleicht die Kassette bis zum Ende ansehen? Es wird nicht mehr lange dauern.»

Er drückte auf den Knopf, und die Menge setzte sich in Bewegung. Der Menschenstrom vereinte sich mit weiteren Strömen von Menschen in einem riesengroßen Stadion. Die bisherige Geräuschkulisse wurde durch eine Stimme übertönt, die aus mehreren Lautsprechern zugleich kam: «Liebe Friedensfreunde, liebe Bürger der Vereinigten Menschheit! Ich begrüße Sie als Zuschauer des Spiels des Jahrhunderts...»

Bei den ersten Worten des Sprechers sprang Prof. Teufel auf. Er schien jetzt noch höher gewachsen zu sein, als er es ohnehin war.

«Wir feiern heute zwei große Daten», setzte die Stimme fort. «Vor dreihundert Jahren verschwanden von unserem Planeten der Krieg, der Hunger, die gefährlichen Krankheiten. Auf den Tag genau vor dreihundert Jahren wurde der letzte Krebskranke geheilt...»

Prof. Engel zog sich tief in seinen Sessel zurück, er wurde immer kleiner. Prof. Teufel tat, als ob er ihn gar nicht sähe.

«Wir leben im absoluten Wohlstand, den uns Maschinen erarbeiten, zu deren Überwachung jeder von uns nur zwei Stunden im Monat zu arbeiten braucht. Auch die ausgefallensten Bedürfnisse eines jeden von uns können befriedigt werden, weil wir seit dreihundert Jahren, seit jenem Tag, als unsere Vorväter die letzten Waffen auf eine unendliche Reise ins Weltall verfrachteten, keine Waffen mehr produzieren.
Liebe Freunde! Diejenigen von uns, die nörgeln, daß unser Leben langweilig ist, müßten in eines der vorfriedlichen Jahrhunderte zurückgeschickt werden. Sobald unsere Zeitmaschinen betriebsbereit sind, werden wir jedem gerne einen solchen Wunsch erfüllen. Aber auch gegen die angebliche Langeweile fand das Weltkomitee Mittel: Heute vor zweihundert Jahren wurde dieses Spiel zum erstenmal ausgetragen, zu dem ...»
In der Mitte des Stadions standen sich zwei gemischte Mannschaften gegenüber, eine blau und eine gelb gekleidete, je einundzwanzig junge Männer und Frauen.
Sie reichten sich die Hände.
Dann wurde abgepfiffen, und die Spieler stürzten sich aufeinander. Es war eine Art von besonders brutalem Catch.
Ein Sprecher unterbrach den Festredner: «Soeben begann das Jubiläumsspiel im Kopf-ab-Kampf. Heute gelten besondere Regeln: Es wird nicht bis zum ersten, sondern bis zum letzten Kopf gekämpft. Da wir im Unterschied zu den Gladiatoren der barbarischen Kriegszeit ohne Waffen kämpfen, kann es sehr lange dauern,

bis eine Mannschaft komplett enthauptet ist. Sollte der Mannschaftskampf jedoch früher als in sechs Stunden entschieden sein, treten die Überlebenden der Siegermannschaft gegeneinander an, bis zum letzten Kopf...»
Der Kommentator unterbrach sich selbst.
«Kopf!» schrie er, «Kopf! Die Blauen machten den ersten Punkt!»
Die Menge im Stadion brüllte, heulte, tobte. Dann verschwand alles – die Kassette war zu Ende.

Prof. Teufel war leichenblaß, seine Stirn mit Schweißtropfen bedeckt. Er fiel schwer in seinen Sessel zurück und murmelte: «Katastrophe! Das ist eine Katastrophe!»
«Wie erfreulich, das Wort ‹Katastrophe› aus Ihrem Munde zu hören, Herr Kollege», höhnte Engel, es klang aber nicht besonders freudig.
Dann stand er auf und legte die Hand auf die Schulter seines Freundes Teufel: «Weißt du, Gottlieb, was mir

jetzt einfällt? Vielleicht sind unsere Theorien – meine vom Weltuntergang und deine von einer friedlichen Zukunft – gar nicht so entgegengesetzt, wie wir dachten.»

Sie schwiegen alle eine Weile.

Prof. Engel räusperte sich und sagte: «Meine Herren, ich will nicht die Verdienste unseres Freundes Gootesmann herabsetzen. Er hat ein technisches Wunder vollbracht und Bilder aus der Zukunft herangeholt. Vom wissenschaftlichen Standpunkt aus muß ich jedoch betonen: Es sind nur empirische Zeugnisse, die selbstverständlich eine Theorie nicht widerlegen können.»

«Da haben Sie vollkommen recht», sagte Prof. Teufel. «Ausnahmsweise.»

Sie fuhren dann zu Engel nach Hause und tranken etwas mehr als üblich von seinem guten Wein.

Am dreißigsten Mai ist der Weltuntergang

1. Mai

Offiziell wurde der Weltuntergang noch nicht angekündigt. Im Weltsicherheitsrat wurde der bundesdeutsche Antrag, über dieses Ereignis zu diskutieren, durch das Veto der Sowjetunion gestoppt, dem sich auch die Vereinigten Staaten anschlossen.
Nach der Auffassung der Sowjets können die sozialistischen Länder nicht untergehen, da sie die Welt der Zukunft darstellen. Die sowjetischen Vertreter wollten aber auch keine auf die kapitalistischen Länder beschränkte Weltuntergangs-Diskussion zulassen, obwohl der Untergang des Kapitalismus die Theorien der Klassiker des Marxismus-Leninismus bestätigen würde – sie witterten darin einen faulen Propagandatrick, der die Wachsamkeit der Werktätigen in den sozialistischen Staaten untergraben soll.
Die Amerikaner legten ihr Veto aus Angst ein, daß man bei einer eventuellen Diskussion die Schuld am Weltuntergang ihnen in die Schuhe schieben würde.
In der UN-Generalversammlung haben die islamischen Länder die Aufnahme dieses Punktes in die Tagesordnung verhindert: Die Schriftgelehrten stellten in ihrem Gutachten fest, daß der Koran für dieses Datum keine Weltkatastrophe voraussieht – und sollte sie kommen, wäre es der Wille Allahs, dem sich die Menschen nicht widersetzen dürfen.

In den Medien der westlichen Welt aber tobt schon seit zwei Wochen eine Diskussion darüber, ob, wann genau und in welcher Form der Weltuntergang stattfindet. Astronomen und Astrologen, Hellseher und Schwarzseher, Futurologen und Spiritisten, Geistliche aller Konfessionen und Sektenführer, Historiker und Physiker nennen unendlich viele Argumente pro und contra.
Die Ostblock-Medien dagegen schweigen. Allein die Moskauer «Literaturnaja gaseta» veröffentlichte einen großen Artikel über die obskure und dekadente Panikstimmung im Westen als Begleiterscheinung der allgemeinen Krise des Kapitalismus, ohne jedoch den Begriff «Weltuntergang» zu erwähnen. Die ersten Seiten der sowjetischen Zeitungen sind der unionsweiten Diskussion über den nächsten Perspektivplan gewidmet, der zur Einholung der USA auf dem Gebiet der Wirtschaft in den nächsten zehn Jahren führen soll.
Westliche Korrespondenten melden, daß von technischen Einheiten der Sowjetarmee in Sibirien eine große unterirdische Stadt gebaut wird – nach Informationen von Dissidenten soll sie als Zufluchtsort für die Parteispitze dienen. Der Warschauer Pakt kündigte unter dem Stichwort «Sichere Zukunft» für die zweite Mai-Hälfte große Manöver in Polen, der ČSSR und der DDR an. Die Tatsache, daß an dieser Übung an den Grenzen Westeuropas hundertzwanzig Divisionen teilnehmen sollen, erwecke beim Nordatlantischen Bündnis eine gewisse Befremdung, sagte der Sprecher der NATO im BBC-Fernsehen. Man wolle sich bei der ordentlichen Sitzung der Stabschefs am 28. Mai damit beschäftigen.

Die UNESCO stellt Kollektionen mit Dokumenten unserer Zivilisation zusammen, die für eventuelle außerirdische Forscher bestimmt sind und auf dreihundertsechzig Orten der Erde eingegraben werden sollen, ohne dieses Unternehmen offiziell in Zusammenhang mit dem Weltuntergang zu bringen. Es ist jedoch fraglich, ob die Container rechtzeitig fertig sein werden: Die Vertreter einzelner Staaten können sich nicht darauf einigen, welche Personen der Geschichte in den Kollektionen präsentiert werden sollten und in welchem Umfang. Man streitet aber nicht nur über Chomeini, Ghadafi, Hitler oder Stalin. Der Coca-Cola-Konzern besteht zum Beispiel darauf, das Rezept seines Getränkes erst am 29. Mai um 23.50 Uhr den Kollektionen beizulegen, um jede Möglichkeit des Mißbrauchs auszuschalten.

2. Mai

In den meisten osteuropäischen Hauptstädten, außer Moskau, zeigten die 1. Mai-Umzüge die seit Jahrzehnten geringste Beteiligung der Bevölkerung: Durch die westlichen Medien und durch Flüsterpropaganda über das Datum des Weltuntergangs bestens informiert, verließen sich die Bürger darauf, daß sie für ihre Absenz beim «Existenzmarsch» nicht mehr bestraft werden können.
In Prag mußten die Fabrikmilizen und die schnell mobilisierten und in Zivil verkleideten Polizisten den Wenzelsplatz sechs- bis siebenmal hintereinander passieren, um den Schein eines großen Umzugs zu wahren.

In Warschau dagegen strömten Millionen auf die Straße, allerdings nicht mit roten, sondern mit kirchlichen Fahnen und mit Bildern der Mutter Gottes. Die Massen vereinten sich zu einem Gebet, in dem sie sich in den Willen Gottes ergaben und der heiligen «Königin Polens» dafür dankten, daß sie die Feinde des polnischen Volkes vernichten wolle. An dem Weltuntergang faszinierte die Polen am meisten, daß auch Rußland untergehen wird.
Im Westen verliefen die Mai-Demonstrationen sehr stürmisch. Es kam zu Auseinandersetzungen zwischen denen, die an den Weltuntergang am 30. Mai glaubten, und ihren Opponenten. Die Trennungslinie lief quer durch alle Parteien. Allerdings haben alle Gruppen – auch jene, die an das Datum nicht glaubten – die Schuld am Weltuntergang ihren politischen Gegnern und Konkurrenten zugeschoben.

In Hamburg zerstritten sich der Zahnarzt Robert K. und seine Frau Ulrike zum erstenmal in den drei Jahren ihrer Ehe. Robert zeigte Ulrike eine Zeitungsanzeige: «Verleben Sie die letzten Tage der Welt in ihrer schönsten Ecke. Luxushotels auf den Bermudas warten auf Sie. Sonne, Wasser, herrlicher Strand, romantische Haine, Tanz und Champagner rund um die Uhr. Begegnen Sie dem großen Knall mit dem Knall der Champagnerkorken! Flüge ab Frankfurt und Düsseldorf täglich». In der Zeitung gab es sechzehn Seiten solcher Anzeigen. «Laß uns schnell buchen», sagte Robert, «übermorgen können wir auf den Bermudas – oder, meinetwegen, in Bangkok oder in Honolulu sein.»

«Du weißt doch, daß ich jetzt keinen Urlaub nehmen kann. Deine Patienten kommen jetzt nicht. Die paar akuten Fälle kannst du dem Notdienst überlassen. Bei uns im Notariat ist aber der Teufel los. Die Leute stehen Schlange – wegen Testamenten, und vor allem wegen Schenkungen an Kirchen und wohltätige Institutionen . . .»
«Sehr schlau», lachte Robert, «bevor das Vermögen wertlos wird, wollen sich die Leutchen zumindest ein Stückchen Himmel dafür kaufen! Wetten, daß sie trotz Weltuntergang auf die Spendenbescheinigung für das Finanzamt nicht verzichten?
Ich will lieber noch was erleben! Pfeif doch auf deinen Job – in vier Wochen brauchst du ihn eh nicht mehr . . . Oder glaubst du nicht an den Weltuntergang?»
«Ich hatte keine Zeit, mir darüber Gedanken zu machen. Egal, wie es ausgeht. Ich bin Juristin und habe meine Arbeit. Ich will nicht dein repräsentatives Püppchen sein, nicht einmal für vier Wochen.»

5. Mai

Doktor K. fuhr auf die Bermudas, allerdings nicht allein, sondern mit der Frau seines Kollegen, der zur Zeit in Saudi-Arabien verpflichtet war. Für alle Fälle nahm er auch seine Sprechstundenhilfe mit, deren erotische Qualitäten er schon seit langem kannte.
Ulrike K. erfuhr von der Abreise ihres Mannes erst zwei Tage später. Wegen der vielen Arbeit übernachtete sie bei ihrem Chef, dessen Wohnung zwei Stockwerke über dem Büro lag. Übrigens, in der Nacht wirkte das mit

antiken Möbeln schön eingerichtete Schlafzimmer viel gemütlicher als bei ihren früheren Besuchen während der Mittagspause.

Im Maklerbüro Browning und Weston in der Londoner City hielten die Herren Browning und Weston Kriegsrat. Sie hatten hundertsiebenundzwanzig städtische Grundstücke in petto, die sie kaufen wollten. Es war nur eine Frage des Termins.
«Abwarten», meinte der Juniorpartner, Mr. Weston. «Die Grundstückspreise fallen jeden Tag weiter. Warten wir noch eine Woche.»
«Ich weiß nicht, Bill», sagte Mr. Browning nachdenklich, «an sich soll man nie warten, bis der Preis ganz unten ist ... Tja, heute wollen die Eigentümer verkaufen, um das Geld irgendwo zu verpulvern – später werden sie vielleicht kein Interesse mehr haben. Zumal die Preise für Vergnügungen so steigen, daß man dann für ein City-Grundstück vielleicht nur noch zwei Nächte in Brighton bekommt ...»
«Haben Sie Angst, daß die Leute aufhören, an den Weltuntergang zu glauben?»
«Nein ... Untergang ist das Logischste, was unserem

lieben Planeten passieren kann – mit dem großen Knall oder ohne ... Außerdem haben wir ja zusammen mit unseren ausländischen Kollegen genug Geld in die PR für den 30. Mai gesteckt. Theorien interessieren mich nicht – ich spekuliere aufs Überleben. Verlieren kann ich dabei nur wertloses Geld, denn Orgien an der Riviera sind nicht mein Geschmack ...»

14. Mai

«Willst du nicht ab morgen zu Hause bleiben, Karl-Otto?» fragte Frau Müller in Bielefeld ihren Mann, als er abends von der Schicht kam. «Mutter kommt morgen zu uns, sie will die letzten vierzehn Tage mit uns und den Kindern verleben. Ihr Prediger hat ausgerechnet, daß der Weltuntergang genau am 30. Mai um 12.18 Uhr passiert.»
«Der kann mich mal», meinte Karl-Otto. «Wir haben mit unserer Flaschenproduktion alle Hände voll zu tun, die Kunden stehen Schlange. Meinst du, wenn ich jetzt wegbleibe, wird man mir am 31. Mai einen roten Teppich vor dem Werktor auslegen? Oder werden dann deine Mutter und ihr Prediger für unsere Kinder aufkommen?! Und wenn deine Mutter morgen kommt, werden wir schon morgen Weltuntergang im Hause haben. Da geh' ich sowieso lieber in die Fabrik!»
In Düsseldorf wurden die Verhandlungen zwischen Vertretern der deutschen Industrie und der Volksrepublik China beendet. Deutsche Firmen konnten mehrere Großaufträge für das nächste Jahr verbuchen. Beim Abschlußempfang sagte der Leiter der chinesischen

Delegation: «Wir sind natürlich nicht abergläubig, man soll jedoch alte Weisheiten nicht ganz außer acht lassen. Dieses Jahr ist das Jahr der Ratte, sehr günstig für gewinnbringende Geschäfte. Und dann kommt das Jahr des Büffels, ein Jahr der schweren Arbeit. Sie sehen, alles paßt zusammen.»

Auf dem deutschen Buchmarkt erschien eine Flut von Taschenbüchern mit Ratschlägen, wie man die letzten Tage der Welt verleben soll – von religiösen Büchern, die die innere Umkehr propagieren, über kulinarische und Reise-Ratgeber bis zu wüsten Porno-Fibeln. Die tugendhaften und die Sex-Taschenbücher fanden den größten Absatz, denn es sind die einzigen, denen zu folgen sich jedermann leisten kann.

In Israel beten die Superfrommen Tag und Nacht in Erwartung der Ankunft des Messias. Der Rest der Bevölkerung besucht staatlich organisierte Abendkurse für Katastrophenbekämpfung und Überlebenstraining.

Eine Firma, die sich «Antike Spiele» nennt – es ist nicht klar, ob die italienische oder die amerikanische Mafia dahintersteckt –, mietete das Kolosseum in Rom und veranstaltete Gladiatorenkämpfe. Offiziell sollten es nur Scheinkämpfe sein, sie werden jedoch echt geführt – nur, daß die kampfunfähig geschlagenen Gladiatoren nicht getötet werden.
Nach den ersten Todesfällen leitete die römische Staatsanwaltschaft eine Untersuchung ein, die jedoch bis zum 30. Mai nicht beendet werden kann.

Zum Arenakampf meldeten sich von allen Seiten Freiwillige. Angesichts der Lebenserwartung von nur wenigen Wochen scheint ihnen der Einsatz ihres Lebens nicht allzu hoch zu sein. Was die jungen Abtenteurer lockt, sind weniger die hohen Siegesprämien als die schönen Frauen aus aller Welt, die nach Rom gekommen sind, um siegreichen Gladiatoren ihre Gunst zu schenken. Die Zuschauerschaft im Kolosseum besteht zu neunzig Prozent aus Frauen. Alle Karten sind bis zum 30. Mai ausverkauft und werden auf dem Schwarzmarkt für Preise bis zu zehntausend Dollar pro Stück gehandelt.

21. Mai

Es scheint, daß sich die Nervosität im allgemeinen gelegt hat. Man hat sich gewöhnt und lebt mit der Vision des Weltuntergangs, wie man mit den Visionen der Krise, der Massenarbeitslosigkeit und des Krieges lebte. Anarchie und Volksorgien finden nicht statt. Es gibt auch keine Selbstmordwelle. Wahrscheinlich war das, was uns Literatur und Kunst über Pestzeiten im Mittelalter und am Beginn der Neuzeit übermittelten, eben nur Literatur und Kunst beziehungsweise nur ein Bericht über das Benehmen der damaligen Oberschicht. Den Leuten vom Jet-set, die ihre Vergnügungen ins Orgiastische steigerten, haben sich nur wenige Reiche angeschlossen, wie unser Zahnarzt K. aus Hamburg, sonst niemand. Die einfachen Bürger haben dafür keine Mittel, die Geschäftsleute keine Zeit.
Unsere Gesellschaft ist wohl allzusehr durchorgani-

siert, ein Weltuntergang kann sie erst dann aus den Fugen heben, wenn er stattfindet.
Robert K. hat übrigens auf den Bermudas beide Damen, die er aus Hamburg mitgebracht hat, verloren. Sie haben sich mit zwei jungen Kellnern zusammengetan. Aus Verzweiflung widmet sich Robert einer älteren Millionärswitwe aus Brasilien. Dies ist zwar, angesichts des bevorstehenden Weltuntergangs, ein perspektivloses Unternehmen, allerdings kein sinnloses, da Dr. K. bei den horrend wachsenden Preisen das Geld ausgegangen ist. Als er der Witwe sagte: «Nur du hältst mich noch auf den Bermudas, meine Liebste!» hat er gar nicht einmal gelogen.
Seine Frau Ulrike und ihr Notar haben jetzt viel weniger Arbeit, verbringen jedoch trotzdem weniger Zeit im antiken Schlafzimmer; sie gehen jeden Tag zum Essen aus, zum Konzert oder in die Oper.

In einem Schwabinger Café erschoß sich am vorigen Donnerstag der Dichter Cornelius Frisewitz – genau um Mitternacht, damit die Nachricht über seinen Tod in die Wochenendausgaben der Zeitungen kam.
In den ersten Maitagen schrieb Frisewitz ein feuriges Protestgedicht gegen den Weltuntergang und seine Verursacher. Es ist ihm auch gelungen, einen Meister zu finden, der seine Worte auf hundert kleine Hartmetallplatten übertragen hat, da der Dichter sich seine Unsterblichkeit auch nach dem Weltuntergang sichern wollte.
Nach einiger Zeit begriff Frisewitz aber, daß der Protest gegen den Weltuntergang eigentlich alle seine früheren

Protestgedichte widerlegte. Er schrieb ein neues Gedicht, in dem er den Weltuntergang leidenschaftlich als Bestätigung aller seiner früheren Prognosen begrüßte. Leider fand er niemanden mehr, der sein größtes Gedicht rechtzeitig im Metall fixieren konnte. Der Dichter war verzweifelt, denn es gab jetzt nur zwei Möglichkeiten – und beide waren grauenhaft: Entweder fand am 30. Mai der Weltuntergang statt, dann würde er, Frisewitz, mit dem falschen Gedicht auf falsche Art unsterblich; oder er fand nicht statt, dann war Frisewitz mit dem richtigen Gedicht blamiert.
Es blieb nichts anderes übrig, als sich eine Kugel durchs Herz zu jagen. Frisewitzens Abschiedsbrief war kurz: «DIES IST MEIN PROTEST» – die Deutung überließ er der Zeit und den Literaturhistorikern.
Bevor er sich erschoß, zog er seine neue Jacke aus, um sie nicht zu beschädigen.

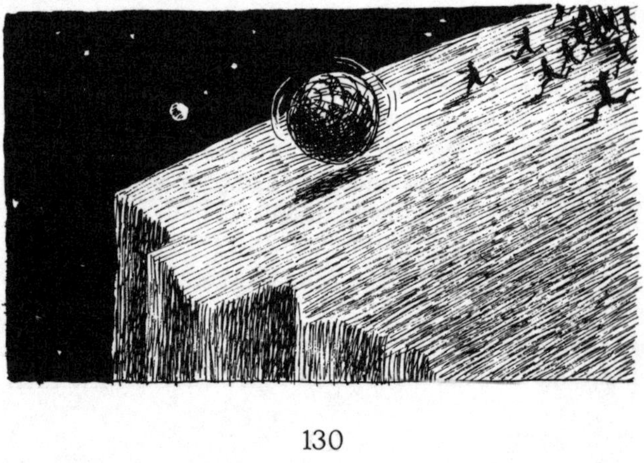

28. Mai

In der Welt läuft alles normal. Im Rahmen der Manöver «Sichere Zukunft» stellte der Warschauer Pakt starke Verbände in der unmittelbaren Nähe der westlichen Grenzen in Position. In der DDR und in der ČSSR wurden alle Dissidenten und alle, die entfernt etwas mit dem Dissidententum zu tun haben, verhaftet. Es wurden auch viele deshalb verhaftet, weil sie «Panik verbreiteten», also von Weltuntergang redeten. Westliche Regierungen protestierten milde und ohne Überzeugung.
Die KGB-Agentur «Nowosti» verbreitet – aber nur im Westen – Meldungen über eine große Konzentration chinesischer Streitkräfte an der sowjetischen und mongolischen Grenze.

Ich arbeite fleißig an meiner Chronik. Natürlich glaube ich nicht an den Weltuntergang, er wurde in der Geschichte schon zu oft angekündigt. Außerdem würde der totale Weltuntergang auch mein Ende bedeuten, und dies wäre doch komisch. Zumal jetzt, wo ich einen so guten Vertrag mit meinem Verleger abgeschlossen habe! Ich muß mein Manuskript am 31. Mai abliefern – «Der Weltuntergang, der nicht stattfand» wird in den ersten Junitagen und hoffentlich als erstes Buch zu diesem Thema erscheinen.

30. Mai, 15 Uhr

In den Straßen sind große Menschenmengen, mehrere Demonstrationen laufen nebeneinander. Die Menschen sind sehr friedlich, man hört nichts, außer dem Chorgebet der Gläubigen. Dicht nebeneinander sieht man widersprüchliche Spruchbänder wie: «Jesus ist dein Schild. – Er wird dich und die Welt retten» und «Die Arbeiterklasse wird keinen Weltuntergang zulassen – komm in die Reihen der DKP»; «Frauen gegen den Weltuntergang» und «Frauen begrüßen den Untergang der Männerwelt»; «Verhindert die ökologische Katastrophe – sie bedeutet den Weltuntergang!» und «Ohne Wirtschaftswachstum geht unsere Welt unter!»; «Die Profitmacher machen uns bange – wir dulden es nicht mehr lange!» und «Die Roten verbreiten Weltuntergangsangst, um der Anarchie den Weg zu bahnen!».

23.58 Uhr

Mein Verleger und ein paar Freunde sind bei mir, der Champagner steht kalt (ein Geschenk des Verlegers, ich hätte ihn mir bei den heutigen Preisen nicht leisten können, trotz Vorschuß). In zwei Minuten ist alles überstanden, dann können wir auf den Erfolg meines Buches trinken. Fast alle Fenster in unserer Straße sind beleuchtet – auch andere Leute wollen ein Glas auf das Ende des Spuks heben.

31. Mai, 6.30 Uhr

Ein schreckliches Sirenengeheul riß mich aus dem Bett. Was ist los? Ich muß das Radio ein ...

Zeitalter der Zufriedenheit

Der Beauftragte für die öffentliche Information des Sonnensystems, allgemein «BOSS» genannt, was nicht nur eine leicht abgewandelte Abkürzung seines Titels, sondern auch die korrekte Bezeichnung seiner Funktion war, hätte nichts gegen eine kleine Verspätung einzuwenden. Und wenn es nur eine halbe Minute wäre! Aber... Die alte Cäsiumuhr auf dem Nordpol der Erde, die einst die Zeit auf dem Planeten bestimmte, war zwar nur bis zu der sechsten Stelle hinter dem Komma präzise, aber immer noch unbestechlich. Genau in siebenundachtzig Sekunden, um 8,000000 Uhr, wird sie ihr Signal senden, und der alljährliche Feiertag der Arbeit wird beginnen.

Obwohl er heute zum neunundfünfzigsten Mal die Feier eröffnen und somit sein letztes Jahr im Amt begin-

nen wird, war der BOSS gespannt. Die gleichzeitige Verbindung mit allen sechs Billionen Einwohnern des Sonnensystems faszinierte ihn jedesmal wieder.
Um sich abzulenken, versuchte sich der Beauftragte vorzustellen, wie sehr eine Verspätung den Techniker aufregen würde, der auf das Signal vom Nordpol wartete, um das gesamte Netz der psychomagnetischen Kommunikation einzuschalten. Diese feierliche Handlung, eine Belohnung für den besten Absolventen der interplanetaren Meisterschule für Kommunikation, bedeutete den Höhepunkt im Leben dieses blutjungen, kaum fünfundvierzigjährigen Mannes. Wie es dem Techniker zumute war, konnte sich der BOSS gut vorstellen, denn auch ihn, mit seinen zweihundertneunundneunzig Jahren auf dem Buckel, beeindruckten die Wunderstrahlen noch immer, die es den sechs Billionen ermöglichten, sich gleichzeitig gegenseitig wahrzunehmen.
Äußerlich war der Beauftragte für die öffentliche Information des Sonnensystems absolut ruhig. Er übte sich in Selbstbeherrschung seit jenem Tag vor zweihundertsechzig Jahren, als man ihn nach einer strengen psychoorganischen Auswahlprüfung in die Ratsherren-Schule auf der Venus aufgenommen hatte. Er hatte jedoch wenig Grund zur Ruhe.
In wenigen Sekunden würde der Techniker das Netz einschalten, und der BOSS würde sechs Billionen Menschen – zwölf Billionen Augen – gegenüberstehen.
Die Jungen, Altersgenossen des Kommunikationsmeisters, der sich jetzt voll konzentrierte, um seiner Zündidee einen ausreichenden Impuls zu geben, würden dem

Beauftragten mit Begeisterung entgegenblicken – die Jungen glaubten noch unerschütterlich an das Prinzip der gesellschaftlichen Nützlichkeit eines jeden Menschenwesens, sie glaubten, daß ihr Studium für die Zivilisation des Planetensystems wirklich unentbehrlich sei. Der BOSS würde die würdevollen Gesichter der neuen Magister wahrnehmen, die sich erst gestern die Kappe der Hundertjährigen aufgesetzt hatten, und würde die huldreiche Freundschaft der Weisen mit dankbarem Blick erwidern. Durch Jahre der Erfahrung belehrt, würde sich der Beauftragte nicht bemühen, die Gleichgültigkeit der Alten zu durchbrechen, die an ihrem dreihundertsten Geburtstag die Aktiven-Abzeichen den Urenkeln übergeben hatten. Nein, um das Vertrauen der sechs Billionen würde er nicht werben müssen, keinen einzigen mußte er umwerben. Der Beauftragte lächelte in sich hinein. Niemand hatte einen Grund, dem BOSS zu mißtrauen – er war der jeweils qualifizierteste Mensch der Zivilisation. Die Zeiten der zufällig gewählten Präsidenten oder Regierungschefs – die Soziomathematik hatte bis heute nicht herausfinden können, nach welchen rätselhaften Gesetzmäßigkeiten diese Leute dazu gekommen waren, über öffentliche Information und gesellschaftliche Mittel zu verfügen – gehörten längst der Geschichte an.
Das Signal blinkte auf, und gleichzeitig tauchten aus dem Nichts die sechs Billionen auf. Die Entfernung zwischen den Planeten existierte in diesem Augenblick nicht mehr.
Der Beauftragte für die öffentliche Information des Sonnensystems begann mit seiner zweiminütigen Rede.

Die altmodischen, so oft wiederholten, rührend lächerlichen Worte über die Arbeit als Mutter des Fortschritts flossen automatisch in die Menge. Der BOSS hätte die Rede gerne ausgedehnt – aber sie hatte ihren exakten Wortlaut. Es war ein festes Ritual, das seit mehr als tausend Jahren, also seit fast vier Generationen, unverändert blieb. Nach genau hundertzwanzig Sekunden würde der eigentliche Festtag beginnen – jeder Aktive würde seine vier Stunden Arbeit zugeteilt bekommen, auf die er das ganze Jahr wartete.

Sie brauchten ihre alljährliche Arbeit; sie brauchten sie, damit ihre Studienjahrzehnte und -jahrhunderte einen Sinn bekamen, damit die Bedeutung ihrer Berufe und ihrer selbst bestätigt wird. Die vier Arbeitsstunden pro Jahr waren in der interplanetaren Verfassung verankert, genauso wie die gleichbleibende Zahl der Bevölkerung des Sonnensystems und die für alle gleich lange Lebenszeit von dreihundertzwanzig Jahren.

Das Problem war, daß die aktiven Bürger des Sonnensystems an diesem Tag in vier Stunden so viele Güter erzeugen werden, wie die Zivilisation in vierzehn Jahren verbrauchte. Und sie werden bis zum letzten Atom alle Rohstoffvorräte erschöpfen, die man mobilisieren konnte. Und wo sollte man dann Arbeit für den nächsten Feiertag finden?

Das volle Ausmaß dieses Problems hüteten der Beauftragte und die weiteren neun Mitglieder des Obersten Rates des Sonnensystems als ein Geheimnis. Selbst die Höchstqualifizierten konnten keinen Ausweg aus dieser Situation finden. Das Verfassungsrecht auf vier Stunden Arbeit jährlich konnte man nicht abschaffen. Man

konnte auch den Menschen keine Scheinarbeit zuteilen oder sie damit beschäftigen, die Ergebnisse der Arbeit anderer Menschen zu vernichten – dazu waren sie zu intelligent, zu fachmännisch, zu gut informiert. Allein mit den Künstlern gab es keine Probleme – sie widerlegten mit neuen Arbeiten stets die alten und hatten immer genug zu tun.
Der Beauftragte konnte mit diesem Problem nicht an die Öffentlichkeit gehen, und zwar nicht nur, weil er die Billionen Menschen, die sich auf ihre Arbeit freuten, nicht enttäuschen konnte: Laut Verfassung war Verantwortung strengstens an Qualifikation gekoppelt. Das Gesetz über die Verantwortung nach Qualifikation verbat den Höchstqualifizierten, Probleme, die sie selbst nicht lösen konnten, den weniger Qualifizierten aufzubürden ...
BOSS beendete seine Ansprache. Er war sich nicht ganz sicher, ob er, trotz seiner Routine, nicht doch einen Tropfen Schweiß auf der Stirn hatte – er war der einzige Mensch im ganzen Sonnensystem, dessen Gesicht er jetzt nicht sehen konnte.
Gleich würde der Techniker das Netz ausschalten, denn außer dieser zwei Minuten im Jahr durfte die psychomagnetische Verbindung nur gezielt und mit Zustimmung aller Teilnehmer benutzt werden.
In diesem Augenblick erhob sich jedoch im Raum des Lastenraketodroms auf dem Saturn ein Mann mit dem Abzeichen eines Transportingenieurs zweiten Grades. «Schalte nicht ab, Techniker», sagte er. «Ich will mit dem BOSS vor der ganzen Zivilisation reden.»
Dieses alte Recht hatte seit vierhundert Jahren niemand

in Anspruch genommen, seit der letzten psychologischen Revolution.
«Das Gesetz gibt dem Obersten Rat und dem Beauftragten für öffentliche Information das Recht, Informationen geheimzuhalten», sagte der Ingenieur zweiten Grades, «aber sie haben nicht das Recht, zu lügen. Glaubst du selbst, Höchstqualifizierter, was du da über Arbeit und Fortschritt gesagt hast?»
«Diese Worte hast du in deinem Leben mindestes achtzigmal gehört, Ingenieur.»
«In der Grundschule hat man mir in den ersten Jahren des Logikunterrichts beigebracht, daß Wiederholung kein Beweis ist. Warum sagt ihr den Menschen der Zivilisation nicht offen, was die Mehrheit ohnehin weiß, daß unsere Arbeit heute der Gemeinschaft nur Schwierigkeiten bereitet – um so mehr, je produktiver sie ist? Warum sagt ihr uns nicht, daß unser Studium nur ein intellektuelles Spiel ist, eine Selbstbefriedigung, da für die ganze wirklich notwendige Arbeit knapp eine Million Fachleute genügen würden?»
Bevor ihm seine Funktion anvertraut wurde, mußte der BOSS Hunderte von Fächern studieren. Diplomatie gehörte nicht dazu.
«Du glaubst nicht», sagte er schroff, «daß die Arbeit noch immer die Mutter des Fortschritts ist, obwohl wir unser Zeitalter der Zufriedenheit nur der Arbeit – der unseren und der unserer Ahnen – verdanken. Du meinst, ich soll eingestehen, daß auch ich nicht daran glaube. Wenn ich dies täte – meinst du, daß die Menschen dann auf ihre Arbeitsstunden verzichten würden?»
«Im Gegenteil, Beauftragter, ich glaube, daß die Arbeit

die Mutter des Fortschritts ist. Und sie muß zwangsläufig unfruchtbar werden, wenn man keinen Fortschritt erlaubt. Das Prinzip des geregelten Lebens und das Verbot, die Grenzen des Sonnensystems zu verlassen, verhindern jeden Fortschritt und töten die Arbeit ab.»

Müdigkeit kannte der BOSS nur aus den Überlieferungen der historischen Menschenkunde. Jetzt wurde er zum erstenmal in seinem langen Leben müde, und zwar nicht nur deshalb, weil er für die verlängerte Kommunikation mit der ganzen Menschheit so viel Psychoenergie aufwenden mußte. Aber es war seine Pflicht, die Gesetze zu verteidigen.

«Unsere Vorfahren haben die Gesellschaft des Wohlstands geschaffen, dann die Gesellschaft des Friedens, die in die Ära des Friedens und der Gesundheit überging. Nach der Großen Psychologischen Revolution entstand schließlich unser Zeitalter der Zufriedenheit.»

Die Stimme des BOSSes klang ebenso ruhig und geschult wie vorher. Seine Altersgenossen, die Weisen, runzelten jedoch die Stirn, erstaunt und unzufrieden.

«Das Prinzip des geregelten Lebens ist die Grundlage unserer Zivilisation, und alle aus ihm resultierenden Gesetze sichern unserem Planetensystem eine konstante Einwohnerzahl und jedem Bürger dreihundertzwanzig Lebensjahre voller Ruhe, in denen er alle seine Fähigkeiten und Neigungen im Studium entfalten kann; ein Leben der Erkenntnis, die zur Weisheit führt.»

Der Beauftragte machte eine Pause, die fast eine Sekunde dauerte, und setzte dann leise fort: «Das Gesetz der Abgeschlossenheit des Sonnensystems schützt uns vor allen Gefahren. Es gibt uns hundertprozentige Sicherheit. Warum und wozu sollen wir Abenteuer außerhalb unserer Grenzen suchen? Unser System ist groß genug, um alle Bedürfnisse der Bürger zu befriedigen, es bietet genug Reiseziele für die Reiselustigen und genug Planeten als Wohnorte ... Das umliegende Weltall ist in Raum und Zeit allzu ausgedehnt, es lauern da dem biologischen Wesen Mensch zu viele Gefahren auf. Würden wir Reisen außerhalb des Sonnensystems zulassen, könnte man sogar die schlimmste Gefahr nicht ausschließen, nämlich ...»

Das bisher stets disziplinierte Gedächtnis des Beauftragten spielte ihm plötzlich einen Streich: Er erinnerte sich daran, wie er in seiner Jugend davon träumte, Astronaut zu werden und aus der provinziellen Enge der interplanetaren Kosmonautik zu fernen Sternen aufzubrechen. Er verdrängte jedoch diese Erinnerung und sprach weiter: «... nämlich die Gefahr des Krieges mit Wesen von anderen Planetensystemen ...»

Ein alter Biologe aus dem irdischen Labor des raumbiologischen Instituts unterbrach den BOSS. «Ikarus», sprach er ihn mit seinem Namen an, «wir haben schon vor achtzig Jahren Maßnahmen für einen absolut wirksamen biologischen Schutz bei interstellaren Expeditionen ausgearbeitet und dem Obersten Rat vorgelegt. Du weißt es, du warst schon damals im Rat. Ihr habt das Projekt unter Verschluß gelegt, genauso wie den Zeitbeugungsplan der Chronotechniker.»

«Krieg?! Das ist doch lächerlich!» platzte auf dem Mond ein Historiker des dortigen kleinen Instituts heraus. «Wenn wir Wesen unserer oder einer noch höheren

Zivilisationsstufe begegnen, haben sie die Epoche der perversen kriegerischen Mentalität längst hinter sich. Dies betrifft auch Wesen, die bis zu fünf Stufen unter uns stehen. Sollten wir auf Primitive stoßen, haben wir ausreichende Mittel, um ihre fossilen Kern- oder Antigravitationswaffen unschädlich zu machen, ohne ein einziges Lebewesen gefährden zu müssen! Ist das den Höchstqualifizierten nicht klar?»

«Ja, das wissen wir», gab der BOSS zu.

Die Revolution ist da, dachte er. Es wird jetzt zu einer Abstimmung kommen. Er war durch das psychomagnetische Netz mit sechs Billionen Menschen verbunden, und hatte keine Zweifel mehr, wie sie stimmen würden.

«Ihr habt recht», sagte er, «wir müssen keine Angst vor biogenetischen Gefahren aus dem All oder vor kriegerischen Zusammenstößen haben. Wovor wir uns fürchten, sind psychologische Veränderungen bei den Menschen. Wir leben seit Jahrhunderten zufrieden und ruhig . . . Denkt daran, Menschen der Zivilisation: Neue Entdeckungen und ferne Reisen werden Romantiker und Unzufriedene hervorbringen . . .»

Der Ingenieur vom Saturn sagte mit gedämpfter Stimme: «Wir haben uns unser ganzes Leben lang nicht eine Flugminute von unserem kleinen Planetensystem entfernt, und dennoch sind viele von uns mit der Gesellschaft der Zufriedenheit nicht zufrieden. Laß uns abstimmen, BOSS.»
«Achtung, ich muß in einer Minute abschalten», meldete der Techniker. «Das Netz war für eine so lange Verbindung nicht vorbereitet.»
Der Beauftragte für die öffentliche Information antwortete ihm mit fester und klarer Stimme: «Holen Sie Nachschub von der Psychoenergiebasis auf dem Mars, Techniker. Die Versammlung wird in fünfzehn Minuten fortgesetzt.»
Als das Bild der sechs Billionen verschwand, schloß sich Ikarus für drei Minuten in die Kabine des Erholungsapparates ein. Dann dachte er an die große Phsychologische Revolution, an jene Abstimmung vor vierhundert Jahren, deren Aufzeichnung jedem seit den ersten Schuljahren bekannt war. Damals, nach Jahrhunderten angestrengter und erfolgreicher Arbeit, sehnten sich die Menschen nach Sicherheit und Ruhe. Wie sie sich umarmten, als die Gesetze des Geregelten Lebens beschlossen wurden! Und jetzt ... Der BOSS hatte in den letzten Sekunden der Verbindung die Gedanken der Menschen der Zivilisation intensiv aufgenommen, er hatte keine Zweifel, wie die Abstimmung ausfallen würde – nur die Alten und ein Teil der weniger Qualifizierten würden sich der Revolution widersetzen ...
Unmittelbar vor der Abschaltung des Netzes strahlten viele Köpfe das Wort «Freiheit» aus. Ist denn ein Leben in

Ruhe Unfreiheit – auch wenn es auf ein Planetensystem beschränkt ist?
Ikarus erinnerte sich wieder an seine Jugendträume. «Vielleicht bin ich zu alt geworden», dachte er.
Wie werden sie die neue Zeit nennen? Ära der Öffnung zum Weltall? Epoche der kühnen Unternehmungen? Und haben sie in der Ratsherrenschule genug hochqualifizierte Leute, die ihr Programm leiten können? Nun, Arbeit werden sie jedenfalls genug haben. Der Feiertag der Arbeit wird wohl wieder zum Ruhetag werden, wie in grauer Vorzeit. Für ihn, Ikarus, wird aber jetzt, ein Jahr früher, die Ruhezeit beginnen. Er wird sich endlich seiner Lieblingswissenschaft widmen können, der Phytochemie . . .
Er übersah die Zeichen des Technikers, und der junge Mann berührte respektvoll seine Schulter. «BOSS», sagte er leise, «das Netz ist zum Einschalten bereit.»

Wesen vom Planeten Sonne-3

Dieser Brief wurde in einem sonst leeren Koffer gefunden, den ein verschwundener Untermieter im schleswig-holsteinischen Pinneberg hinterlassen hatte. Wie dieser Mann aussah, konnte man nicht herausfinden. Er wurde zwar von mehreren Nachbarn und Kaufleuten öfter gesehen, jeder von ihnen lieferte jedoch eine andere Beschreibung: groß und klein, dünn und dick, mit Wuschelkopf und mit Glatze ... Alle Zeugen waren sich jedoch darüber einig, daß es ein unauffälliger Durchschnittsmensch war, der dem jeweiligen Zeugen irgendwie ähnelte.
Das Dokument besteht aus zwei dünnen Blättchen eines unbekannten Metalls. Wenn man sie vor die Augen hält, geht von ihnen eine milde Strahlung aus, hält man

sie dagegen ans Ohr, senden sie ein leises Summen. In beiden Fällen entstehen im Hirn des Betrachters oder Zuhörers Worte und Sätze, die den Inhalt des Briefes wiedergeben, und zwar jedesmal in der Muttersprache des Menschen, der die Metallblättchen in der Hand hält. Dies sind wohl die Eigenschaften des intergalaktischen Codes, der von Wesen geschaffen wurde, deren Zivilisation viel höher entwickelt ist als die unsere und der von jedem intelligenzbegabten Wesen des Weltalls automatisch verstanden werden kann.
Was mit dem Autor passiert ist, ob er zu seinem Planeten zurückgekehrt ist oder noch bei uns auf der Erde weilt, konnte man nicht feststellen.

An Mum, Mondraner, Mitglied des Intergalaktischen Koordinationsrates, Planet Mondra, Sternsystem 4867, Galaxis CQX-14, von Kek, Mondraner, Forschungsbeauftragter des Intergalaktischen Dokumentationszentrums, zur Zeit auf dem dritten Planeten des Sonnensystems, genannt «Erde», Galaxis TZYR-112.

Lieber Freund Mum,
aus kommunikationstechnischen Gründen schreibe ich diesen Brief nicht in unserer Planetensprache, sondern im intergalaktischen Code, betrachte ihn jedoch bitte als private Botschaft. Meinen offiziellen Bericht hast Du ja als Mitglied des höchsten Koordinationsorgans des Weltalls sicher schon bekommen. Hier möchte ich Dir einiges schildern, was ich in den offiziellen Bericht mangels exakter wissenschaftlicher Begründung nicht aufnehmen konnte.

Meine Eindrücke – und Du wirst mir, alter Freund, auch ohne Beweismaterial glauben – können Dir vielleicht helfen, die Problematik dieses winzigen Planeten besser zu begreifen und dem Rat klarzumachen.
Zuerst die Vorgeschichte meines Forschungsauftrags. Du warst damals auf Dienstreise in einer entfernten Ecke des Weltalls und konntest die Ereignisse nicht unmittelbar verfolgen; außerdem, mit großen politischen Problemen der intergalaktischen Beziehungen beschäftigt, hast Du wohl keinen detaillierten Einblick in die technischen Vorgänge der praktischen Intelligenzforschung.
Es fing mit einem riesigen Skandal im Dokumentationszentrum für Planetoethnologie an. Wie Du vielleicht nicht weißt, wurde die Fernanalyse aller Planeten den Luderiern anvertraut, da sie synthetische Lichtbilder aus dem ganzen Universum organisch empfangen und speichern können; sie können jede Information sofort abrufen, und alles, was sie gespeichert haben, ihren Nachkommen ohne Verlust vererben. Die Zivilisation von Luderia gehört zur Kategorie 1/A.
Niemand hat jedoch daran gedacht, daß die Luderier auch zu den Intelligenzwesen mit der längsten Lebensdauer im Weltall gehören – ganze 200 IZE (intergalaktische Zeiteinheiten) –, daß sie also als langlebige Großplanetarier vielleicht kein Verständnis für sehr kleine Planeten und Wesen mit mikrotischem Lebenszyklus haben.
Diesen Fehler entdeckte einer unserer Planetenleute per Zufall, ein eineinhalb IZE junger Mondraner, Student der Zeittechnik, namens Glog. Er brauchte für eine

Arbeit die gesamtanalytischen Bilder des Planeten Sonne-3 und hat sie von dem für die Galaxis TZYR-112 zuständigen Luderier bekommen. Sie waren alle mit dem Vermerk «Zivilisatorisch uninteressant, Intelligenzwesen nicht vorhanden» bezeichnet.
Der junge Mondraner wollte schon das ganze Material zurückgeben, als ihm auffiel, daß die Bilder genauso alt waren wie er selbst, eineinhalb IZE – sie wanderten ja vom Sonnensystem bis Luderia mit einfacher Lichtgeschwindigkeit. Diese eineinhalb intergalaktischen Zeiteinheiten konnten aber für einen Planeten wie Sonne-3 einen beachtlichen Entwicklungsabschnitt bedeuten – immerhin enthält eine IZE 40 000 irdische Planetenjahre.
Glog schickte eine entsprechende Notiz direkt an den Wissenschaftlichen Rat; sie brachte eine große Diskussion in Gang. Es wurde klar, daß durch die allzu großzügigen Zeitbegriffe der Luderier möglicherweise Hunderte von Planeten-Zivilisationen anhand von veralteten Daten zu niedrig eingestuft worden sind.
Es zeigte sich, daß nicht nur das fernanalytische Zentrum, sondern auch der Expeditionsstab des Intergalaktischen Rates nicht richtig funktionierte. Im Stab saßen fast ausschließlich verdiente Veteranen aus der Zeit der Katalogisierung der Makroplaneten, die sich über mikrotische Körper kaum Gedanken machten. Mittel- und Kleinplanetarier wurden nicht konsultiert, da sich die Stabsmitglieder, allesamt Angehörige der ersten drei Intelligenzklassen, von Intelligenzwesen der fünften oder gar siebenten Klasse nichts sagen lassen wollten. Nach ihrer Meinung waren diese gerade gut genug, als

praktische Forscher auf Expeditionen geschickt zu werden.
Nach der Reorganisation des Stabs wurden Tausende von Expeditionen in alle Weltallrichtungen ausgesandt. Zur Sonne-3 wurden zuerst siebenhundert Korlaner geschickt – oder besser gesagt, siebenhundert Teile des Korlaners –, da die Zivilisation von Korlan ein teilbares, hochentwickeltes soziobiologisches Gesamtwesen darstellt. Jede Zelle ist ein autonomes Individuum, das Denkpotential aller ist jedoch vereint. Jede gewonnene Information geht vom Individuum ans Ganze und wird zugleich an alle Einzelzellen weitergeleitet. Dies ist für jede Forschung natürlich vorteilhaft: Unabhängig davon, wie groß die Zahl der Expeditionsteilnehmer ist, sie stützt sich auf das Denkpotential der ganzen Zivilisation.
Die Korlaner wurden auch deshalb ausgewählt, weil sie – als Einzelzellen – sehr klein sind, und der Energieaufwand für ihre Rematerialisierung auf einem entfernten Planeten gering ist.
Die ersten Berichte der Korlaner waren voller Begeisterung. Sie glaubten, auf der Erde eine hochentwickelte Zivilisation entdeckt zu haben. Ihrer Organisation nach war diese Zivilisation eine Zwischenform zwischen den pluralbiologischen und den soziobiologischen Modellen mit zentralisierter Fortpflanzung und Nachwuchspflege, mit absoluter organischer Arbeitsteilung und einer hohen gesellschaftlichen Disziplin ohne Konflikte innerhalb der Gemeinschaft. Das einzige Problem war, daß die Forscher keinen Verständigungsmodus mit den irdischen Wesen finden konnten. Sie sprachen auf den

intergalaktischen Code überhaupt nicht an, obwohl er auch schon Intelligenzwesen der achtzehnten Stufe zugänglich ist.
Nach kurzer Zeit mußten die Mitglieder der Expedition feststellen, daß sie eine zivilisatorisch tote, entwicklungsunfähige Lebewesengemeinschaft beobachtet hatten. Diese Gattung – auf der Erde nennt man sie «Ameisen» – hatte einst alle Voraussetzungen, sich zum dominierenden Intelligenzwesen des Planeten zu entwickeln. Sie hatte jedoch die Chance verpaßt – durch allzu strenge Vergesellschaftung des Lebens und durch biologische Spezialisierung sowie durch die Hierarchisierung der Gemeinschaft und die Aufgabe der Individualität ihrer Mitglieder.
Der Irrtum der Korlaner gründete auf ihrer eigenen ameisenähnlichen körperlichen Dimension und ihrem soziotischen Denken – sie sind ja auf ihre soziobiologische Lebensart sehr stolz. Ihre Devise lautet: «Wir sind alle in einem und einer in allen.»
Erst die Analyse der irdischen Energiebilanzen hat die Aufmerksamkeit der Forschungsorgane auf die Spezies Mensch gerichtet. Fünf Mondraner wurden zur Sonne-3 geschickt, darunter auch ich. Jede Möglichkeit der Kommunikation zwischen uns – ob direkt oder durch irgendeine Zentrale im Weltall – wurde total blockiert. Der Rat wollte diesmal fünf unabhängige Berichte haben.
Was mit meinen Kollegen auf diesem Planeten geschah und was sie herausgefunden haben, weiß ich nicht. Du, Mum, hast sicher auch ihre Meldungen bekommen und kannst Dir ein besseres Bild machen. Ich wurde auf

Sonne-3 rematerialisiert, einzig und allein mit meinen Erfahrungen aus der Forschungsarbeit im Weltall ausgerüstet – und mit unserer mondranen Transformationsfähigkeit. Diese erlaubte mir, mich den Erdenmenschen äußerlich völlig anzupassen. Ich konnte mich sogar ohne Schwierigkeiten auf ihre umständliche, primitive Energiezuführung durch sogenannte Nahrung umstellen.

Wie unser Planetenmann Glog richtig vermutete, ist das eineinhalb IZE alte Planetenbild, das man mir auf Luderia gegeben hat, absolut veraltet und wertlos. Es hat sich tatsächlich in dieser für unsere Begriffe kurzen Zeit von sechzigtausend Erd-Jahren einiges auf der Erde geändert, und ich mußte mir das Zivilisationsbild des Planeten selbst zusammenstellen. Da ich hier erst zwanzig Planetenjahre verbracht habe – ein Zweitausendstel IZE –, ist dieses Bild natürlich unvollständig.

Das dominierende Lebewesen des Planeten, der Mensch, ist ein ziemlich paradoxes Geschöpf, ich habe auf meinen Planetenreisen bisher nichts Ähnliches getroffen.

Du kannst Dir vorstellen, daß ich, sobald ich genug Beobachtungsmaterial gesammelt hatte, um mein Äußeres den Menschen anzupassen, ein erwachsenes Individuum kontaktiert und seinen Informationsspeicher bestrahlt habe. Es ist ja immer die erste Routinearbeit eines Forschers, sich das Eigenwissen der jeweiligen Planetenbewohner anzueignen.

Die Menschen haben ein Koordinationsorgan – Informationsspeicher, Analysator und Entscheidungszentrum zugleich –, das sie «Hirn» nennen und das für ihre

Bedürfnisse recht leistungsfähig ist. Um so größer war meine Überraschung, als ich feststellte, daß die Hirnzellen meines Kontaktpartners zu neunundneunzig Prozent ungenutzt waren! In dem restlichen einen Prozent des Hirns waren zusammenhanglose Informationsfetzen gespeichert. Manche standen in einem so krassen Widerspruch zu der planetarischen Wirklichkeit, daß sogar ich es erkannt habe, obwohl es fast unmittelbar nach meiner Rematerialisierung auf diesem Planeten war.

Ich hatte damals das Mißgeschick, mir ein auch nach hiesigen Maßstäben unwissendes Individuum zu schnappen. Natürlich konnte ich nicht ahnen, daß ein reifes Lebewesen nicht das gesamte allgemeine Wissen seiner Gattung besitzt! Es wird mir sowieso kein Koroter im astroethnologischen Institut glauben – die sammeln ja Angaben über die Planetenpopulationen im ganzen Weltall, ohne je den eigenen Planeten zu verlassen –, daß es eine Gemeinschaft von Intelligenzwesen geben kann, in der nicht einmal das Wissen gleichmäßig verteilt ist. Und ich bin trotz allem überzeugt – in dieser privaten Mitteilung kann ich es sagen, auch wenn das Urteil der Qualifizierungskommission noch nicht bekannt ist –, daß der Mensch ein Intelligenzwesen ist, obwohl man ihn bestenfalls in die zwölfte Intelligenzklasse einstufen wird. Sein Verhalten spricht zwar oft dagegen, sein Hirnpotential weist ihn aber als zivilisierungsfähig aus. Ich muß allerdings nach mehreren tausend gezielten Kontaktaufnahmen gestehen, daß ich keinen Menschen getroffen habe, der mehr als drei Prozent seines Hirnpotentials benutzt hätte.

Ich glaube, schon einige Gründe für diese Entscheidung erkannt zu haben. Erstens ist da der unglaublich kurze Lebenszyklus der irdischen Intelligenzwesen. Das reife, produktive Stadium eines Menschenlebens dauert etwa vierzig Jahre, das heißt ein Tausendstel IZE. Zweitens: Der Mensch hat einen ganz einzigartigen, ich würde sagen, originellen Weg zur Zivilisation gefunden. Überall im uns bekannten Weltall wurde Intelligenzentwicklung und Zivilisation durch organische, biologische Vervollkommnung erzielt. Wir haben darüber nie nachgedacht, welch großen Vorteil dieser Weg bietet: Nämlich daß alles, was eine Lebewesengattung erreicht, alle Fähigkeiten und alle Erkenntnisse, weiter vererbt wird. Bei dem Menschen haben sich die Intelligenz- und die Zivilisationsentwicklung voneinander getrennt. Die Intelligenz entwickelt sich auf biologischer Basis weiter, Zivilisationsorgane sind aber nicht entstanden. Möglicherweise spielen dabei die Kürze des Menschenlebens

oder die spezifischen Bedingungen der Umwelt eine Rolle – eine äußerst kleine Auswahl von Stoffen, die organische Verbindungen bilden können.
Der Mensch hatte sich als Ausgleich Ersatzorgane aus unorganischem Material geschaffen – für eine schnellere Fortbewegung und für Gewitterschutz, für Kommunikation, für Energieerzeugung, für Aufzeichnungen von Informationen, ja selbst Ersatzanalysatoren: Diese arbeiten zwar unselbständig, aber schneller als das menschliche Hirn. Beide Prozesse – die Entwicklung der Intelligenz und der Zivilisation – ergänzen und beeinflussen sich gegenseitig. Der Mensch als biologisches Wesen war dem Leben auf der Erde von allen hiesigen Bioarten am wenigsten angepaßt und hatte im Kampf um Nahrung, also um die Quellen der biologischen Energie, wenig Chancen. Sobald er sich aber Ersatzorgane geschaffen hatte, konnte er Lebewesen, die stärker und schneller waren als er, fressen – das heißt, deren gesammelte Energievorräte in konzentrierter Form für sich ausbeuten. Somit verschaffte er sich Voraussetzungen zur Weiterentwicklung seines Hirns, was wiederum zur Verbesserung der Ersatzorgane führte.
Wenn es so weitergeht, wird der Mensch vielleicht schon in zwei bis drei IZE – also in etwa hunderttausend Planetenjahren – zu einer Einheit werden: Er wird das Hirn und die Fortpflanzungsorgane behalten und alle anderen durch seine «technischen Mittel» ersetzen. Hier wird die Kurzlebigkeit der Menschen zum Vorteil, weil sie schnellere genetische Veränderungen ermöglicht.
Dieser scheinbar günstige Weg der Irdischen – die

unmittelbare Verwendung des unorganischen Materials ohne biologische Verarbeitung – hat jedoch große Nachteile. Erstens: Nur die allgemeine biologische Information ist erblich, die zivilisatorische muß jedes Individuum erst neu erwerben. Dies ist eine verhängnisvolle Zeitverschwendung, zumal die Ersatz-Informationsspeicher, die in verschiedenen Zeiten unterschiedliche Formen und Kapazitäten hatten, etwa die sogenannten Tontafeln, Bücher und Computer, immer wieder vernichtet oder vergessen werden. Nicht nur Einzelmenschen, ganze Gemeinschaften müssen alles wieder von Anfang an neu entdecken.
Noch schlimmer als diese fatale Verschwendung ist, daß die Prozesse der Zivilisierung und Intelligenzentwicklung nicht parallel verlaufen. Es gibt hier unintelligente Zivilisationen und antizivilisatorische Intelligenz. Im Grunde genommen – insofern haben sich die Luderier nicht geirrt – geht es den Menschen immer noch um dasselbe wie vor sechzigtausend Planetenjahren in der Zeit des Konkurrenzkampfes mit den Tieren: Um Fressen und um Paarung, also darum, wer wen ausbeutet. Die «Technik», das heißt die Ersatzorgane, haben zwar beides erleichtert, aber zugleich beides kompliziert. Die Entwicklung während der letzten IZE kann insgesamt nur bedingt als Fortschritt bezeichnet werden.
Die Kämpfe um Geschlechtspartner waren für mich nicht neu. Ich habe es auf Orion-21 erlebt, deren Intelligenzwesen in siebzehn Geschlechter aufgeteilt sind: Sie veranstalten bei der Zusammenstellung der Sexgruppen regelrechte wissenschaftliche Wettbewerbe – was allerdings der biologischen Vervollkommnung dient. Auf

Sonne-3 ging eben durch die zweigleisige Entwicklung der primäre Sinn der sexuellen Konkurrenz verloren. Der Kampf um die Nahrung war mir jedoch fremd, und ich hatte damit am Anfang große Schwierigkeiten. Um die Sache anschaulich zu machen, hier eine kleine Episode:

Sobald ich mich auf das «Essen» umgestellt hatte, verspürte ich schnell, daß es eine alltägliche Notwendigkeit ist. Ich wollte mir an einem kleinen Verteilungspunkt etwas zum Essen holen. Der zuständige Mensch verlangte dafür etwas von mir. Was es war, vermochte mein auf irdische Verhältnisse noch dürftig programmiertes Dolmetscher-Organ nicht genau zu übersetzen. Ich verstand nur, daß er von mir eine Gegenleistung wollte, und zwar in Form symbolischer Gegenstände, «Geld» genannt. Ich versuchte ihm zu erklären, daß ich für seine Gemeinschaft noch nichts geleistet hatte und deshalb auch keine Leistungssymbole besaß. Der Mensch schrie etwas Unübersetzbares, und mit einemmal versammelten sich mehrere Individuen, alle in aggressiver Stimmung, obwohl es sich offensichtlich nicht um ihre Nahrung handelte. Ich habe ihnen im Umtausch für das angebissene «Brötchen» meine Hand oder mein Bein zum Verzehr angeboten – die hätte ich später regenerieren können. Darauf haben sich mich angegriffen. Ich sagte ihnen, sie sollten es nicht tun, da sie so meine Organe beschädigen könnten. Sie hörten jedoch nicht auf mich.

Schließlich wurde ich in einen Raum gesteckt, wo ich isoliert und bewacht war. Freilich konnte ich unter diesen Umständen nichts für sie leisten. Unverständlicherweise haben sie mich aber im sogenannten Gefängnis regelmäßig gefüttert, ohne eine Gegenleistung zu verlangen. Was sie davon hatten, daß sie meine Bewegungsfreiheit beschränkten, und warum man im Gefängnis Nahrung umsonst bekommt und außerhalb des Gefängnisses nicht, ist mit normaler Intelligenzwesenlogik nicht zu begreifen, wie vieles hier auf der Erde.

Ich habe es im Bericht nicht geschrieben, damit der Rat nicht denkt, daß meine Analysatoren nicht mehr richtig funktionieren. Du jedoch wirst mir glauben: Die leistungsstärksten Ersatzorgane, die sie entwickelt haben, dienen den Menschen dazu, sich gegenseitig zu vernichten! In der halben Mili-IZE, die ich hier verbrachte, haben sie dauernd Vernichtungsaktionen unternommen, die sie «Krieg» nennen. Kurz vor meiner Ankunft gab es so eine Aktion, die fast den ganzen Planeten umfaßte.

Ich dachte zuerst, daß es Beutezüge sind, um die getöteten Gattungsgenossen zu fressen. Das wäre bei der hiesigen Art der Gewinnung biologischer Ernergie noch logisch gewesen. Dann stellte ich aber fest, daß sie die Leichen in der Regel nicht fressen. Ich konnte mir andererseits ausrechnen, daß sie mit dem Material- und Energieaufwand, den sie verbrauchen, um ihre Planetenleute zu töten, Nahrung und Ersatzorgane für sich und auch noch für die Getöteten im Überfluß hätten produzieren können.

Mir scheint, daß diese unverständlichen, weil in jedem Fall für alle Beteiligten nur Schaden bringenden Beutezüge, nicht nur kannibalische Relikte der tierischen

Freßkonkurrenz sind. Wir kennen im Weltall zwei Arten von Zivilisationen: die soziobiologische, in der die Lebewesengemeinschaft einen unteilbaren oder teilbaren Organismus mit einem vereinigten Denkpotential darstellt, und die individualistische, in der einzelne Wesen oder elementare Gruppen, deren Mitgliederzahl sich nach der Zahl der vorhandenen Geschlechter richtet, absolut autark leben. Im ersten Fall wird das Verhalten der Zivilisation auf natürliche Weise durch das zentrale Koordinationsorgan reguliert, in dem anderen braucht man keine Koordination.

Der Mensch dagegen ist ein zwiespältiges Wesen. Er kann als Individuum nicht autark existieren, er kann sich aber auch nicht auf dem natürlichen Weg in eine Gemeinschaft einordnen. Ein Herdenwesen mit individualistischem Selbstverständnis – ist das nicht paradox? Menschliche Gemeinschaften werden also durch Zwang gebildet und erhalten. Dazu kommt der alte Komplex eines biologisch benachteiligten, fast wehrlosen Beutegängers. Das führt dazu, daß Individuen und Gruppen dauernd danach streben, anderen ihren Koordinationsmodus (ihre Entscheidungsgewalt) aufzuzwingen und zugleich bei mächtigen Koordinatoren Schutz suchen – durch Unterordnung.

Das ergibt eine permanente Konfliktsituation. Der Mensch braucht andere Individuen seiner Gattung, um seine Bedürfnisse zu befriedigen, zumal durch die «technische» Entwicklung alles viel komplizierter geworden ist als vor eineinhalb IZE. Und zugleich bekämpft er alle anderen, weil er glaubt, daß sie seine Lebenschancen mindern.

Da es keine für Koordinierungsfunktionen biologisch spezialisierten Zellen oder Individuen gibt, will jeder diese Funktionen ausüben. Sie wollen die Gemeinschaften beherrschen, um von dem Energieaufwand anderer Artgenossen ernährt zu werden. Die Funktion des Koordinators gilt dabei als begehrte Null-Arbeit.
Es wäre noch verständlich, wenn sich nur diejenigen Individuen um diese Funktion bewerben würden, die mangels zivilisatorischer Kenntnisse oder aufgrund einer Unterentwicklung des Hirns nicht imstande sind, sich die Befriedigung ihrer Bedürfnisse selbst zu verschaffen; um zentrale Funktionen bemühen sich aber auch solche – einzelne und Gruppen –, die mit weniger Energieaufwand, wäre er produktiv genutzt, alles erwerben könnten, was sie brauchen.
Der Unterschied zu der Lage von vor sechzigtausend Planetenjahren besteht darin, daß sich immer größere und immer besser ausgerüstete Gruppen gegenüberstehen. Da es keine rationalen Gründe für dieses Verhalten gibt, glaube ich, daß dahinter vor allem die Angst und die Minderwertigkeitskomplexe des biologisch verpatzten Wesens stecken.
Der Dauerkampf innerhalb der Gattung bremst natürlich die zivilisatorische Evolution, ja, er führt zu ihrem Gegensatz – zur Entwicklung von Mitteln, die der Vernichtung der Gattung dienen. Die Erdbewohner kennen vorläufig keinen Ausweg – und ich weiß auch nicht, was ich da empfehlen sollte.
Die menschlichen Gemeinschaften und ihre Koordinatoren versuchen dauernd, den Menschen zu vergesellschaften. Und zwar dadurch, daß sie seine individuali-

stischen Tendenzen unterdrücken. Ich habe sogar den Verdacht, daß sie die ungleiche Verteilung von Information absichtlich durchführen, um die unwissenden Individuen leichter dem gesellschaftlichen Zwang unterzuordnen. Eine vollständige Vergesellschaftung kann aber auf Sonne-3 nicht vollzogen werden, weil dem Menschen die dazu nötigen soziobiologischen Eigenschaften fehlen.

Unter diesen Umständen kann eine im zivilisatorischen Sinne einigermaßen funktionsfähige Gemeinschaft nur durch den gleichzeitigen Qualifizierungsausbau der einzelnen und der gesellschaftlichen Zusammenarbeit entstehen. Als Theorie und Forderung ist dieser Soziindividualismus auf der Erde längst bekannt, in der Praxis sind die Menschen aber weit davon entfernt, diesen Weg wirklich zu beschreiten. Ich weiß auch nicht, ob dies tatsächlich eine Lösung wäre oder wie der Intergalaktische Rat und seine Fachinstitute hier helfen könnten. Aber ich bin ja nur ein einfacher Forscher. Möglicherweise fehlt mir der Abstand. Durch die Anpassung an den Menschen und vor allem an die Nahrung bin ich wohl allzusehr von der menschlichen Denkart beeinflußt.

Vielleicht war meine erste Idee, die mir kurz nach meiner Rematerialisierung hier gekommen war, die beste: Man müßte den Menschen von der Nahrung unabhängig machen. Gib bitte meinen Bericht dem Bioenergetischen Institut, vielleicht werden sie eine passende Lösung finden.

Mit Gruß *Dein Kek*